Ln27
33754

AF475595

NOTICE

SUR LE

[illegible]NÉRAL CHAN[illegible]

SA MORT, SES OBSÈQ[illegible]

LETTRE DU CARDINAL LAVIG[illegible]

—

[illegible] DÉPOSITION DEVANT LA COMMISSIO[illegible]

SUR LA DÉFENSE NATIONALE

BATAILLE DU MANS

([illegible] de *la Deuxième Armée de la Loire,* par le général [illegible])

ÉPISODE DE LA COMMUNE DE 1871

—

DÉTAILS BIOGRAPHIQUES. UNE PENSION NATIONALE

OUVRAGE ORNÉ D'UN BEAU PORTRAIT PHOTOGRAPHIE DU GÉNÉRAL

CHALONS-SUR-MARNE

[illegible] MARTIN, IMPRIMEUR-ÉDITEUR, PLACE DU MARCHÉ[illegible]

—

1883

LE GÉNÉRAL CHANZY

NOTICE

SUR LE

GÉNÉRAL CHANZY

SA MORT, SES OBSÈQUES

LETTRE DU CARDINAL LAVIGERIE

SA DÉPOSITION DEVANT LA COMMISSION D'ENQUÊTE
SUR LA DÉFENSE NATIONALE

BATAILLE DU MANS
(Extrait de *la Deuxième Armée de la Loire*, par le général Chanzy)

ÉPISODE DE LA COMMUNE DE 1871

DÉTAILS BIOGRAPHIQUES. UNE PENSION NATIONALE

OUVRAGE ORNÉ D'UN BEAU PORTRAIT PHOTOGRAPHIÉ DU GÉNÉRAL

CHALONS-SUR-MARNE
T. MARTIN, IMPRIMEUR-ÉDITEUR, PLACE DU MARCHÉ-AU-BLÉ, 50.

1883

Le 5 janvier, la population châlonnaise apprenait une douloureuse et stupéfiante nouvelle : M. le général Chanzy était mort pendant la nuit. Son domestique, en pénétrant le matin dans sa chambre, trouva déjà froid le corps du général. Le docteur Delacroix, appelé, ne put que constater la mort.

Rien ne faisait prévoir cet événement fatal. Le général Chanzy avait encore une vigoureuse santé et une activité rare ; la veille même, il était monté à cheval, et, après avoir passé la soirée à la préfecture, il était rentré à son hôtel vers minuit.

L'on juge de la stupéfaction et de la douleur des officiers de l'état-major du 6e corps.

Cette douleur a été partagée par toute notre population. On se refusait jusqu'au bout à croire à la disparition si prompte d'un homme dont le nom était pour la France un espoir. Ce nom du général Chanzy représentait tant de gloire et d'honneur ! Il était le symbole de la patrie résistant jusqu'au bout à l'invasion, et, quand on songeait aux revanches possibles, c'est ce nom glorieux, le nom du combattant obstiné de Josnes et du Mans, qui venait le premier à la pensée.

A la demande de plusieurs personnes, nous avons cru devoir recueillir dans cette brochure la biographie du général, le récit de ses obsèques à Châlons, à Buzancy, les discours prononcés devant le cercueil et divers documents tout à l'honneur de cette grande mémoire.

NOTICE

SUR LE

GÉNÉRAL CHANZY

I.

La Notice suivante, en retraçant le grand rôle que le général a joué en 1870-1871, fera mieux apprécier l'immense perte qu'a faite notre pays :

Le général Chanzy était né le 18 mars 1823 à Nouart (Ardennes). Son père était un ancien officier du premier empire. Le jeune Chanzy s'engagea d'abord dans la marine, puis entra à Saint-Cyr en 1843, et en sortit sous-lieutenant au 1er zouaves.

Dès lors sa vie est celle de nos armées d'Afrique.

Lieutenant au 43e de ligne, le 18 juillet 1848, capitaine le 12 mars 1851, détaché avec ce grade aux affaires de la province d'Oran, et chef du bureau arabe de Tlemcen, il fut nommé chef de bataillon au 23e de ligne, le 21 août

1856, et fit, en cette qualité, la campagne d'Italie, puis celle de Syrie, comme lieutenant-colonel au 71e de ligne. Colonel au 48e régiment, qui faisait partie du corps d'occupation de Rome, le 6 mai 1864, il revint en Algérie au moment de la grande insurrection arabe, passa au 92e le 1er septembre 1868, fut promu général de brigade le 14 décembre 1868, et commanda, dans ces deux derniers grades, les subdivisions de Bel-Abbès et de Tlemcen.

Aux débuts de la guerre de 1870, il était resté en Afrique avec tant d'autres brillants officiers qui devaient être la réserve suprême de la France, les Faidherbe, les Colomb, les de Sonis. Le maréchal de Mac-Mahon écrivit, du lieu où sa blessure de Sedan le retenait prisonnier, pour recommander chaudement au gouvernement de la Défense nationale le général Chanzy comme un des généraux auxquels on pouvait le plus sûrement confier le commandement d'une armée.

Cette désignation, qui fait le plus grand honneur au maréchal de Mac-Mahon, fut ratifiée avec empressement par le gouvernement, et le général Chanzy appelé au commandement du 16e corps. Il s'illustra dès le 10 novembre 1870, à la bataille de Coulmiers, par ses talents manœuvriers. Ce fut une de ses divisions, celle du général Barry, qui emporta à la baïonnette le château et le parc de Coulmiers, clef de la position.

Il aurait voulu qu'après cette victoire on se portât en avant, et tout permet de croire qu'on aurait fait subir au duc de Mecklembourg le désastre que venait d'éprouver le général Von der Thann. Mais l'armée se borna à se concentrer devant Orléans. Dans une des reconnaissances ordonnées par le général Chanzy, le prince Albrecht faillit être fait prisonnier par notre cavalerie. Ce prince dut quitter précipitamment la maison où il avait établi son quartier général, et des papiers importants tombèrent au pouvoir des Français.

Le 1er décembre, commençait la grande bataille d'Orléans, sur un front de près de dix lieues, malheureusement trop étendu, par la faute même de MM. Gambetta et de Freycinet. Placé à la gauche, le général Chanzy emporta le village de Villepion, admirablement secondé par son vigoureux lieutenant, l'amiral Jauréguiberry.

Le lendemain 2 décembre, les forces ennemies s'étaient considérablement augmentées. Nos troupes durent plier devant ces masses nombreuses. C'est alors que Chanzy lança sur les Prussiens cet héroïque bataillon des zouaves pontificaux, à la tête duquel se placèrent Charette et de Sonis. Ces deux chefs tombèrent grièvement blessés ; deux cents de leurs hommes, sur huit cents qu'ils commandaient, restèrent sur le champ de bataille. Mais le village de Loigny fut emporté et ce succès permit aux 16e et 17e corps de se replier en bon ordre.

Le même jour, à notre droite, le 15e corps avait dû battre en retraite sur Orléans. L'armée de la Loire était coupée en deux tronçons. Pendant que le général de Paladines se retirait au sud de la Loire, le général Chanzy, avec le coup-d'œil du génie, choisissait une magnifique position au nord du fleuve, appuyant sa droite à Beaugency, couvrant sa gauche de la forêt de Marchenoir.

Ceux qui voudront connaître le général Chanzy, devront lire dans son livre sur la *Deuxième armée de la Loire*, ces belles instructions qu'il rédigeait chaque soir et où, après un résumé des faits de la journée, il traçait le programme du lendemain.

Le 6 décembre, la lutte recommençait entre lui et le prince Frédéric-Charles. Elle se continuait avec succès le 7 et le 8. Les troupes françaises, qui avaient devant elles quatre corps d'armée allemands, n'avaient pas perdu un pouce de terrain. Le général Chanzy se félicitait de sa victoire, lorsque, dans la soirée du 8, il apprit tout-à-coup que sa division d'extrême droite, contrairement à ses ordres formels, avait évacué Beaugency. Le général qui la commandait avait cru devoir obéir à un ordre de M. de Freycinet, venu de Tours. MM. Gambetta et de Freycinet, inquiets pour leur sécurité personnelle à Tours, avaient, sans en informer, le général en chef, rapproché de cette ville la division de Beaugency. On conçoit l'irritation du général Chanzy à cette nouvelle. Il écrivit immédiatement au ministre de la guerre, Gambetta, une lettre où il disait : « Je viens seulement d'apprendre que le général Camô, » contrairement aux ordres formels que je lui avais donnés, » et prétendant obéir à ceux que vous lui auriez adressés » directement par un capitaine du génie envoyé de Tours, » s'est retiré dans l'après-midi de Beaugency, qui a été » occupé à la nuit par une troupe mecklembourgeoise se » glissant le long de la Loire. Je regrette vivement cet » incident qui a terni le succès de la journée. »

Après une nouvelle action le 9, le 10 la retraite commença. Pendant onze jours, le bruit de la canonnade n'avait cessé de retentir dans les plaines de la Beauce. Le 13 décembre, l'armée de Chanzy s'abritait derrière la vallée du Loir.

Nouveaux combats les 14 et 15 décembre, après lesquels l'armée vient prendre position devant le Mans. C'est à cette époque que se place un débat d'une importance capitale entre le général Chanzy et Gambetta.

Ce dernier projetait alors l'expédition vers l'Est, et dans ce but, il dirigeait sur Dijon les forces de la première armée de la Loire, réorganisée à Bourges par le général Bourbaki. Le général Chanzy insistait au contraire pour une action commune de Bourbaki et de lui sur Paris. Il envoyait dans ce but son aide-de-camp, le commandant de Boisdeffre, à Bordeaux, muni de ses instructions verbales pour répondre à toutes les objections qui pourraient lui être faites. Le général Chanzy insistait pour la concentration de toutes nos forces, celles du Nord, celles du Havre, celles de Cherbourg, du Mans et de Bourges, vers cet objectif commun, Paris. Que l'on suppose un instant cette masse énorme de troupes opérant dans une pensée commune et dans un but unique, et l'on se demandera si le succès définitif de la cause française n'était pas là, dans ce plan grandiose !

Vains efforts ! M. Gambetta imposa ses plans à Chanzy et à Bourbaki. Il écrivit au premier de ces généraux une lettre notifiant sa décision d'opérer la marche divergente sur Belfort, lettre ridicule en raison même des erreurs géographiques qu'elle contenait. L'avocat improvisé ministre de la guerre confondait Bar-sur-Seine et Bar-le-Duc. Cela donne la mesure de ses talents.

On sait le reste : nos armées, isolées, ne se prêtant aucun secours, furent battues tour à tour par les forces allemandes : Faidherbe, à Saint-Quentin ; Bourbaki, à Héricourt ; Chanzy, après trois jours de lutte, les 9, 10 et 11 janvier 1871, dut évacuer le Mans et opérer cette admirable retraite sur la Mayenne, qui seule le classerait parmi les grands généraux.

Bientôt après, l'armistice, puis la paix furent signés.

On connaît la carrière du général Chanzy depuis cette époque : son arrestation momentanée par les bandits de la Commune ; son gouvernement de l'Algérie, période de calme et de prospérité pour notre colonie, sa mission à Saint-Pétersbourg, qui le révéla comme un diplomate accompli, et enfin son trop court passage à la tête du 6e corps, cette avant-garde de l'armée française.

Le général Chanzy a fait partie de nos assemblées politiques ; il était depuis 1875 sénateur inamovible. Sa dernière apparition à la tribune du Sénat avait été pour défendre la discipline militaire menacée et pour faire repousser avec le mépris qu'elle méritait une proposition du major Labordère.

Nous ne saurions mieux terminer cette notice sur l'illustre général que par cette phrase du *Figaro* :

« Né pauvre, il est mort pauvre. Dans ce milieu parlementaire où il a vécu depuis treize ans, parmi tant de députés, de sénateurs et d'hommes politiques, qui, obsédés par les propositions dorées de banquiers en quête d'influences et d'agioteurs audacieux, succombent et finalement trafiquent de leur nom et de leur mandat, lui est toujours resté l'honnête soldat, ne connaissant que son devoir, le législateur probe et dévoué à son pays, n'écoutant que sa conscience et les intérêts de sa patrie. »

Voici, d'après le *Journal de la Marne* du 7 janvier, quelques détails sur le cruel événement qui jeta la consternation dans la ville de Châlons :

Jeudi soir, le général Chanzy, qui était très gai et très bien portant, était allé dîner à la préfecture et y avait passé la soirée. Il rentra vers minuit.

Le 5 janvier, à sept heures du matin, une domestique, attachée depuis de longues années à la famille Chanzy, vint comme de coutume apporter le café du général.

Elle fut surprise de son immobilité ; mais, croyant le général simplement endormi, elle se retira.

Quelques instants après arriva le valet de chambre ; étonné du silence qui régnait, il cria à plusieurs reprises : Mon général ! mon général ! puis essaya de le réveiller. La terrible vérité se fit jour dans son esprit, et le pauvre domestique, profondément affectionné à son maître qui était si bon pour tous ceux qui l'entouraient, se précipita, affolé, hors de la chambre, et alla demander le secours du docteur Delacroix, qui demeure près du quartier-général.

Le docteur Delacroix ne put que constater la mort qui, d'après lui, remontait à deux ou trois heures du matin. Elle serait due, paraît-il, à un épanchement de sang au cerveau.

La figure du général a conservé jusqu'ici l'aspect qu'elle avait pendant la vie ; il est mort sans souffrances.

Il serait impossible d'exprimer la douleur du général Davenet et des officiers d'état-major, la plupart attachés depuis longtemps à sa personne. Tous éclataient en sanglots.

Mme Chanzy était alors fort souffrante ; aussi dut-on

prendre de grands ménagements pour lui anoncer la fatale nouvelle. Des scènes déchirantes se sont produites autour du lit où repose le corps.

Mgr Sourrieu, évêque de Châlons, M. le préfet de la Marne, etc., sont venus dès le matin apporter leurs consolations à cette famille si cruellement éprouvée.

Par une coïncidence qui rend encore le deuil plus poignant, le général était entouré depuis quelques jours de tous ses enfants : son gendre et sa fille, M. et Mme de Crépy, étaient venus de Fontainebleau, où M. de Crépy est receveur particulier des finances, passer près de leurs parents les fêtes du nouvel an. C'est donc au milieu de toutes les joies de la famille que le général Chanzy est subitement enlevé aux siens.

Ce qu'il serait impossible de dire, c'est l'émotion qui s'est répandue dans Châlons dans la matinée de vendredi. Cette émotion était peinte sur tous les visages.

Ceux qui avaient vu le général aux réceptions du 1er janvier parlaient de son affabilité, de son accueil cordial et sympathique. En recevant les membres du clergé, il avait prononcé de remarquables paroles, où il invoquait l'alliance du clergé et de l'armée, qui seule peut relever la patrie française.

L'illustre général était né le 18 mars 1823 ; il n'avait donc pas encore soixante ans. Quels services ne pouvait-il pas encore rendre à la France !

On lisait dans le *Journal de la Marne* du 9 janvier :

Au Quartier-général.

Pendant les deux dernières journées, la population et la garnison de Châlons ont été admises à contempler le général Chanzy.

Le corps, revêtu du grand uniforme, et portant le grand cordon de la Légion-d'Honneur, repose sur un immense catafalque. Des fleurs et des couronnes apportées par des mains pieuses masquent les draperies noires. Des officiers, le sabre au poing, et se relevant d'heure en heure, se tiennent jour et nuit près du catafalque.

Toutes les classes de la population se sont confondues dans un même recueillement, des larmes coulaient sur tous les visages.

Le malheureux fils du général Chanzy était debout devant le corps de son père. Il était en proie à une crise nerveuse qui provoquait un tremblement de tous ses membres.

Le service d'ordre était admirablement organisé. Une double haie de troupes en grande tenue était formée dans la cour de l'hôtel ; à l'intérieur, des factionnaires étaient à toutes les portes.

Hier matin, Mgr Sourrieu a dit la messe dans la chambre où reposait le général. Tous les membres de la famille y assistaient et ont reçu la communion des mains du prélat.

Parmi les couronnes déposées sur le catafalque, on en remarquait une avec l'inscription suivante :

« Au général Chanzy, le collège de Sainte-Menehould. »

Le deuil a été pris par les régiments du corps d'armée. Jusqu'à nouvel ordre les drapeaux seront voilés d'un crêpe ; les officiers porteront un crêpe à leur épée.

L'autopsie.

Nous avons dit que le médecin appelé auprès du général Chanzy fut M. le docteur Delacroix. Le décès fut officiellement constaté dans la journée par M. le docteur Giraux.

Sur l'ordre du ministre de la guerre, l'autopsie a été faite dans la journée de samedi par M. le docteur Collin, médecin inspecteur du gouvernement de Paris ; M. le docteur Dauvé, médecin inspecteur du 6e corps ; M. le docteur Weill, médecin-major au 8e d'artillerie, M. le docteur Rousseau, médecin et ami de la famille.

L'examen du cerveau justifia l'opinion formulée par M. Delacroix. La mort était due à un épanchement sanguin.

Le père du général était mort dans des conditions identiques.

Voici l'acte de décès du général Chanzy :

L'an 1883, le 5 janvier, à deux heures du soir, par-devant nous, Pierre-Hippolyte Faure, maire de la ville de Châlons-sur-Marne, officier de l'état-civil, sont comparus MM. Joseph-Charles-Pierre, baron de Crépy, receveur particulier des finances, âgé de 35 ans, gendre du décédé, domicilié à Fontainebleau (Seine-et-Marne), et Raoul-François-Charles Le Mouton de Boisdeffre, colonel d'état-major, âgé de 43 ans, domicilié à Fagnières (Marne), lesquels nous ont déclaré que cejourd'hui, à trois heures du matin, est décédé en cette ville M. Antoine-Eugène-Alfred Chanzy, général de division, sénateur, commandant du 6e corps d'armée, membre du conseil supérieur de la guerre, grand'croix de la Légion-d'Honneur, décoré de la médaille militaire, âgé de 59 ans, natif de Nouart (Ardennes), demeurant à Châlons, rue Saint-Nicaise, N° 46, époux de Mme Jeanne-Alexandrine-Hermine Gérard, sans profession, domiciliée à Châlons, fils des défunts Bertrand-Nicolas Chanzy et Marguerite-Aurore Nicaise, son épouse.

Et ont, les requérants, etc.

Signé : R. DE BOISDEFFRE.
Joseph B. DE CRÉPY.
Hippolyte FAURE.

La lettre d'invitation est ainsi conçue :

M.

Vous êtes prié d'assister aux Convoi, Service funèbre de

MONSIEUR ANTOINE-EUGÈNE-ALFRED CHANZY,

GÉNÉRAL DE DIVISION, SÉNATEUR,
COMMANDANT LE 6e CORPS D'ARMÉE,
ANCIEN GOUVERNEUR GÉNÉRAL CIVIL ET COMMANDANT EN CHEF
LES FORCES DE TERRE ET DE MER EN ALGÉRIE,
ANCIEN AMBASSADEUR DE LA RÉPUBLIQUE FRANÇAISE
AUPRÈS DE S. M. L'EMPEREUR DE RUSSIE,
GRAND'CROIX DE LA LÉGION-D'HONNEUR,
DÉCORÉ DE LA MÉDAILLE MILITAIRE,
OFFICIER D'ACADÉMIE
GRAND'CROIX D'ALEXANDRE NEWSKI,
COMMANDEUR DES ORDRES DU SAINT-SÉPULCRE,
DE SAINT-GRÉGOIRE-LE-GRAND,
DE CHARLES III D'ESPAGNE, DU MEDJIDIÉ, ETC.,

décédé en son Quartier-Général, à Châlons-sur-Marne, le Vendredi 5 Janvier 1883, à l'âge de 59 ans,
Qui auront lieu le Lundi 8 Janvier, à une heure de l'après-midi, en l'église Cathédrale.

De la part de Madame CHANZY ; de Monsieur Georges CHANZY, Lieutenant au 4e bataillon de Chasseurs à pied ; de Monsieur DE CRÉPY, Receveur particulier des Finances à Fontainebleau, de Madame DE CRÉPY et leurs enfants ; de Mademoiselle Jeanne CHANZY ; de Monsieur Louis CHANZY,

Sa Veuve, ses Enfants, Petits-Enfants, et de toute sa famille.

PRIEZ DIEU POUR LUI.

Rapport au Président de la République Française.

Paris, le 5 janvier 1883.

Monsieur le Président,

Il y a trois jours, nous avions la douleur de vous annoncer la perte éprouvée par la France en la personne de M. Gambetta.

Aujourd'hui un nouveau malheur frappe le pays : le général Chanzy vient de mourir subitement au siège de son commandement.

Le rôle du général Chanzy dans l'œuvre de la défense nationale est encore présent à tous les esprits.

Si Gambetta fut l'âme de la défense, Chanzy en fut le plus glorieux soldat.

Il sut, au milieu des plus rudes épreuves, tenir haut et ferme le drapeau de la France, et lutta sans faiblir jusqu'au dernier moment.

Appelé depuis aux difficiles fonctions de gouverneur général de l'Algérie et d'ambassadeur à Saint-Pétersbourg, il ne cessa de justifier la confiance du gouvernement de la République et de rendre au pays les plus éminents services.

Il commandait le 6e corps d'armée quand la mort est venue le frapper.

En présence d'une carrière si bien remplie, nous croyons, Monsieur le Président, être les interprètes de vos sentiments et de ceux du Parlement et de la nation, en venant vous proposer de décider que les funérailles de M. le général Chanzy seront célébrées par les soins de l'Etat et aux frais du Trésor public.

Si vous approuvez cette proposition, nous vous prions de vouloir bien revêtir de votre signature le projet de décret ci-joint.

Veuillez agréer, Monsieur le Président, l'hommage de mon respectueux dévouement.

Le ministre de la guerre,

BILLOT.

—

DÉCRET.

Le Président de la République française,

Sur la proposition du président du conseil des ministres, des ministres de la guerre et des finances,

Considérant que M. le général Chanzy, commandant le 6e corps d'armée, sénateur, grand'croix de l'ordre national de la Légion-d'Honneur, décoré de la médaille militaire, ancien commandant en chef de la 2e armée de la Loire, ancien gouverneur général civil de l'Algérie, ancien ambassadeur, a rendu au pays et à l'armée, durant le cours de sa carrière militaire et dans les hautes positions civiles qu'il a occupées, d'éclatants services qui méritent un témoignage spécial de la reconnaissance nationale,

Décrète :

Art. 1er. — Les funérailles de M. le général Chanzy seront célébrées par les soins de l'Etat et aux frais du Trésor public.

Art. 2. — Le président du conseil des ministres, les ministres de la guerre et des finances sont chargés de l'exécution du présent décret.

Fait à Paris, le 5 janvier 1883.

Jules GRÉVY.

M. le Président de la République a transmis à Mme Chanzy ses compliments de condoléance à l'occasion de la mort du général.

M. le président de la République prend une très grande part au malheur qui, en frappant la famille du général, frappe en même temps l'armée française et la République.

LES OBSÈQUES.

Malgré le désir formulé par M. le ministre de la guerre de faire célébrer à Paris les funérailles du général Chanzy, la volonté formelle de Mme Chanzy a été respectée : ces funérailles ont eu lieu à Châlons, au siège du commandement en chef du 6e corps d'armée ; et nous ne pouvons que remercier Mme Chanzy de cette détermination. Les obsèques ont eu moins d'éclat, peut-être, mais elles ont eu un caractère plus émouvant qu'elles n'en auraient eu à Paris. C'est au milieu d'une population qui, tout entière, aimait le général, et pour laquelle sa mémoire restera chère à jamais ; c'est, oserions-nous dire, entre une double haie d'amis respectueux, que le général a reçu les honneurs suprêmes dus à sa glorieuse carrière.

Dès lundi matin, l'entrée du quartier-général était ornée de tentures noires et argent, avec des faisceaux de drapeaux tricolores et des palmes vertes.

Le service était organisé par les pompes funèbres de Paris, tant au quartier-général qu'à l'église cathédrale.

Un ordonnateur appelait successivement les délégations à prendre leur place dans le cortège.

Le Cortège.

Le cortège funèbre a quitté l'hôtel du général Chanzy à une heure. Sur son passage, les maisons étaient ornées de drapeaux repliés en signe de deuil et ornés de crêpes ; beaucoup de magasins étaient fermés. Les lanternes de gaz étaient allumées et voilées d'un crêpe.

En tête s'avançait un piquet de gendarmes ; le général Berge et le général Davenet, chef d'état-major général, tous deux à cheval ;

Un escadron de cuirassiers ; la musique de l'école d'artillerie ;

Le général Pourrat, commandant l'artillerie du 6e corps ;

Le 8e régiment d'artillerie ;

Le clergé ; le grand séminaire ; tous les curés et chanoines;

Puis, venait le cercueil, porté par des sous-officiers et recouvert de nombreuses couronnes. Les cordons du poêle étaient tenus, du côté droit :

Par le général Péan, ancien colonel du 106e de ligne, parent du général Chanzy ; M. Pelletan, vice-président du Sénat, et le M. le général Lallemand, commandant en chef du 1er corps ;

Du côté gauche :

Par M. de Crépy, père du gendre du général Chanzy ; M. Philippoteaux, député des Ardennes et maire de Sedan, et le général Willemot, chef d'état-major du ministère de la guerre.

Derrière le cercueil était conduit le cheval de bataille du général, caparaçonné de noir.

Puis suivaient les deux fils du général Chanzy, Georges et Louis. La vue de ces deux pauvres enfants accablés de douleur faisait verser bien des larmes, et nul ne serait resté indifférent. Le lieutenant Georges Chanzy avait passé deux jours auprès du corps de son père. Pâle, défait, il faisait peine à voir.

La famille,

Le général Pittié représentant le président de la République; le général était accompagné du commandant Fayet.

Puis un groupe de trois personnes : le général Billot, ministre de la guerre ; à sa gauche, M. le maréchal de Mac-Mahon, décoré de la grand'croix de la Légion-d'Honneur et de la Toison-d'Or ; à sa droite, M. Fallières, ministre de l'Intérieur.

M. Gentil, capitaine de frégate, représentant M. le président du Conseil, empêché.

Le ministre des affaires étrangères était représenté par une délégation composée de MM. Cogordan, le comte de Vauvineux, de la Boulinière, le vicomte de Saint-Genis, anciens attachés à l'ambassade de Saint-Pétersbourg, pendant la mission du général Chanzy.

Les membres du corps diplomatique, au nombre de neuf : les colonels Fredericks et prince Troubetskoï, attachés militaires russes ; un prélat italien, représentant le Nonce ; le colonel Bonn, attaché militaire autrichien ; le colonel Brackenbury, attaché militaire anglais ; le colonel Cappaï, attaché militaire italien, un colonel prussien et M. Li-Tching Meun, mandarin à bouton de cristal, attaché à l'ambassade chinoise ;

Venaient ensuite :

Les commandants de corps d'armée, savoir :

Les généraux Derroja, Cornat, de Berckheim, Gresley, Wolff, Schneegans, Schmitz, Davout d'Auerstædt, Zentz, de Galliffet, Osmont, Carteret, Février, Saint-Hilaire, Dumont ;

Le général Saussier, ancien commandant du 6e corps, aujourd'hui commandant l'armée d'Afrique ;

Mgr le duc d'Aumale, le général Appert, un grand nombre de généraux de division et de brigade, parmi lesquels les généraux d'Hauteville, de Verneville, d'Espeuilles, le général comte de Dampierre, l'intendant général de la Chevardière de la Granville.

Nous avons reconnu plusieurs officiers qui ont à différentes époques appartenu à la garnison de Châlons ou à l'état-major général, et qui étaient venus dans notre ville pour assister aux obsèques : M. le colonel Gras, M. le colonel Tramond, MM. les commandants Pendezec et de Geffrier, M. le capitaine Hermitte, etc., etc.

Tous les corps de troupe de la région avaient envoyé chacun une députation composée du colonel, un officier supérieur, un capitaine, un lieutenant et un sous-lieutenant.

Le Sénat était représenté par une délégation composée de MM. Eugène Pelletan, Dauphinot, Rampont, Lenoël, Lafont de Saint-Mür, Clément, Buffet et Oudot, ancien maire de Besançon.

La Chambre des députés était représentée par M. Margaine, questeur, M. Guyot, de Vitry, etc., etc.

Des délégations du Conseil d'Etat et de la Cour des Comptes ;

Les préfets de la Marne, des Vosges, de l'Aube, de la Meuse, de Meurthe-et-Moselle et du Nord. — Les sous-préfets.

Le Conseil général de la Marne, représenté par

MM. Leblond, sénateur, le général Boissonnet, Ponsard, Goerg, Bienfait, Guyot-Prieur, comte de Mareuil et Morizet ; le Conseil d'arrondissement de Châlons : MM. Aubert, de Cheppes, Aubert, de Vertus, Lemaire, Rousseau, Alfred Lequeux.

Le maire et le conseil municipal de Châlons ; le maire et le conseil municipal de Buzancy ;

Les autorités judiciaires, à la tête desquelles marchait M. Vassard, président du tribunal de Reims.

Les chefs des diverses administrations de la Marne.

Le personnel de l'Ecole des Arts et Métiers, de l'Ecole normale, du Collège, etc.

Les Couronnes.

Parmi les nombreuses couronnes offertes, on remarquait celles de la garnison, du 8e et du 25e régiment d'artillerie, du 106e de ligne, du 92e de ligne, ancien régiment du général Chanzy ; celle envoyée par le colonel Bernard, son ancien aide-de-camp pendant la guerre de 1870 ; celles du collège de Châlons, du collège de Sainte-Menehould, de l'Ecole polytechnique, de l'Ecole des arts et métiers.

L'une des plus belles, sans contredit, était celle qui avait été offerte par les officiers et élèves de Saint-Cyr et qui était escortée par une députation de cette école, à laquelle ont appartenu le général Chanzy et son fils. M. le général Deffis, gouverneur de Saint-Cyr, était dans le cortège.

Citons enfin une touchante manifestation et qui prouve bien la sympathie et l'affection que le général Chanzy s'était acquises dans notre ville : les ouvriers de la maison Appert s'étaient cotisés et avaient offert une couronne, témoignage précieux de patriotisme et dont le souvenir mérite d'être conservé.

Arrivé sur la place du Marché, le cortège offre un coup d'œil des plus imposants ; il passe entre la double haie formée par les sapeurs-pompiers de Châlons et le 106e de ligne, et aux accents de la musique de ce régiment.

L'église Saint-Alpin, devant laquelle défile le cortège, est tendue de noir ; les cloches de l'église sonnent à toute volée.

A la Cathédrale.

Le portail de l'église Cathédrale était décoré de draperies noires. Au chœur, un catafalque, orné de drapeaux tricolores et entouré de torchères, attendait le cercueil.

A l'évêque de Châlons s'étaient joints, pour cette douloureuse cérémonie, Mgr Langénieux, archevêque de Reims, Mgr Turinaz, évêque de Nancy, et Mgr l'évêque de Verdun.

La messe a été dite par M. l'abbé Lucot, chanoine-archiprêtre.

Le service d'ordre était fait à l'extérieur par deux compagnies d'artillerie sous les ordres du commandant Matheu.

Deux compagnies commandées par M. Nicolas, chef d'escadron, rendaient, pendant la messe, les honneurs militaires.

La musique de l'école d'artillerie exécute des morceaux funèbres. Nous remarquons surtout la marche funèbre extraite de la Symphonie héroïque de Beethoven. L'exécution fait le plus grand honneur aux musiciens et à leur chef, M. Mastio.

A l'arrivée du cortège, le canon tonne et les trompettes retentissent.

Mme de Crépy, Mlle Chanzy, et Mme Thevenet, belle-sœur du général, conduites par le colonel Gossard, occupent au chœur les places réservées.

Les représentants de l'armée se placent à gauche dans le chœur ; à droite le corps diplomatique et les autorités civiles.

Allocution de Mgr Sourrieu.

Mgr Sourrieu prononce l'allocution suivante :

Messieurs,

S'il est vrai de dire que la patrie ne meurt jamais, il y a pourtant des heures où une partie d'elle-même semble descendre dans la tombe avec un homme qui représentait son honneur d'hier, sa sagesse d'aujourd'hui et ses espérances de demain.

D'autres vous diront bientôt ce que fut le général Chanzy comme homme de guerre ; ils diront comment il était de la trempe de Turenne, simple et vaillant, ardent et réfléchi, père ménager du soldat, mais prêt aux résolutions les plus énergiques : ce qui fait de sa mort le deuil de notre drapeau.

D'autres diront ce qu'il fut comme homme d'Etat, observateur calme, profond, naturellement élevé au-dessus des partis. Lorsque la France, fatiguée de ses douleurs, s'endormait pour un moment du sommeil de l'oubli pour faire des songes heureux, elle murmurait volontiers son nom.

Ce que nous voulons proclamer nous-même ici, c'est le caractère chrétien du général.

Les Châlonnais le savent : son visage était habituellement tourné vers la religion, qu'il aimait de toutes les forces de sa raison, de son expérience et de sa droiture. Bayard ne confondait pas mieux son épée avec la croix de Jésus-Christ. Le voile qui couvrait les mystères charmants de sa vie domestique ayant été soulevé devant mes yeux, j'y ai entrevu des tableaux de famille dignes des temps les plus antiques et les plus beaux de l'Eglise, sans qu'on puisse dire auquel des deux, de sa noble compagne ou de lui, en revenait le mérite principal. Sa mort est une épreuve pour nous, chrétiens, et nous ne sommes pas libres de taire nos regrets.

Mais sa mémoire nous reste, et cette mémoire est une puissance : elle proclame avec autorité l'immortalité de l'âme : Qui peut regarder ce cercueil sans dire : « C'était une âme ; cette ame vit encore, elle est immortelle ». Ce cercueil proclame une justice future : voilà une tête abattue prématurément ; d'autres honneurs l'attendaient ; il y a donc un monde supérieur où la justice de Dieu, exerçant à propos soit la rigueur, soit la bonté, paye aux grands hommes de bien les arrérages de la gloire.

Ce cercueil proclame enfin le sacrifice de soi au bien public ; en passant devant lui, nous dirons tous : « Il faut imiter ce grand serviteur du pays. » La mémoire du général Chanzy est pleine de hautes leçons.

Avant de confier ses restes à la tombe, prions ensemble Jésus-Christ, qui est le vrai père de la France, afin qu'il daigne regarder sa fille avec miséricorde ; demandons-lui de frapper le sol de notre patrie avec sa croix, pour réveiller cette vitalité éclatante qui a rempli l'histoire de ses prodiges. Lui seul peut tirer du sein de cette chère patrie les hommes qui la replaceront à la tête des nations en la replaçant à la tête des croyances et des bonnes mœurs, car Jésus-Christ est Dieu, et toute grandeur émane de lui pour retourner à lui.

Les discours.

Après l'office divin, le corps est transporté sur la place de la Cathédrale, et tout-à-l'heure les troupes vont défiler devant lui.

C'est un spectacle imposant et dont Châlons gardera

longtemps la mémoire que celui du cercueil qui contenait le général Chanzy, entouré par ces généraux, ses lieutenants ou ses émules, dont les noms rappellent pour la plupart les plus glorieux faits d'armes.

A côté du ministre de la guerre était le maréchal de Mac-Mahon, qui porte vigoureusement le poids de ses soixante-quinze ans bientôt accomplis. D'autres, plus jeunes, se plaignaient du froid glacial de cette journée : Mac-Mahon paraissait insensible aux rigueurs de la température.

Peut-être se rappelait-il qu'à une époque déjà lointaine, — c'était en 1860, — au lendemain de Malakoff et de Magenta, il faisait son entrée solennelle dans cette même ville de Châlons. Que de choses sont tombées autour de lui ! Combien de ses anciens compagnons d'armes ont disparu !

Près de lui, c'était le duc d'Aumale, le général Lallemand, l'habile capitaine à qui l'on dut en 1871 la pacifition de l'Algérie ; le général Borel, l'ancien chef d'état-major de la première armée de la Loire ; le général Appert, l'un des défenseurs de Paris en 1870 ; Davout d'Auerstædt, dont le nom sonne la fanfare des victoires. Combien d'autres encore, au milieu desquels la foule se montrait le général de Galliffet ! Ce dernier n'avait d'attention que pour nos troupes, au moment du défilé ; aucun détail n'échappait à son regard ; tour à tour un blâme sévère ou un éloge, qui eût été précieux pour ceux qui en étaient l'objet, s'ils avaient pu l'entendre, tombait de ses lèvres, formulé en paroles brèves et originales.

Avant le défilé, cinq discours ont été prononcés.

M. le ministre de la guerre s'est exprimé en ces termes :

Messieurs,

Je viens, au nom du Gouvernement de la République et au nom de l'armée, dire un dernier adieu au général Chanzy. Sa mort foudroyante a frappé de stupeur le pays tout entier. l'armée française est en deuil.

Le pays a perdu un grand citoyen et un homme de bien. l'armée un de ses plus illustres généraux.

Il fut, au milieu de nos désastres, le héros de la Défense nationale, et le nom de Chanzy consola la France dans ses jours de malheur.

Il était pour l'avenir notre plus chère espérance.

Adieu, Chanzy. Du sein de Dieu où elle repose, ta grande âme rayonnera sur la France, et nous, tes amis et tes compagnons d'armes, guidés par tes exemples et fortifiés par le souvenir de tes vertus, nous continuerons sans défaillance à travailler pour le devoir et la patrie.

Adieu, Chanzy, mon vieil ami de trente ans, adieu !

Des applaudissements eussent éclaté à ces chaleureuses paroles du général Billot, si ce n'eût été le caractère funèbre de la cérémonie.

Non moins goûté fut le discours de M. Eugène Pelletan, qui s'est exprimé ainsi :

Messieurs, quand un homme comme Chanzy disparaît, il emporte avec lui comme une part de la patrie. — La perte de Chanzy est un deuil national, et toutes les différences d'opinions doivent disparaître devant cette tombe. Il a donné l'exemple de ce que peut un homme de cœur au milieu de la plus épouvantable des catastrophes.

Non, Chanzy n'a pas rendu son épée, il l'a remise au fourreau sur l'ordre de la volonté nationale.

Il est mort ! mais il a eu au moins ce bonheur de voir notre armée reconstituée et disciplinée.

Que nous soyons attaqués, nous n'aurons plus à défendre la patrie derrière la Loire.

M. Philippoteaux, maire de Sedan et député des Ardennes, parle au nom de ce département ; puis le général Lallemand, le général Willemot retracent la vie militaire de Chanzy.

Le général Willemot avait des titres particuliers à remplir cette tâche. Il fut le chef d'état-major de Chanzy pendant sa campagne de la Loire, et son lieutenant en Algérie. Une sincère amitié unissait ces deux serviteurs du pays.

Un conseiller général des Ardennes, M. Neveu, prononce des paroles d'adieu.

Le Défilé.

Après le dernier discours, le défilé commença. Il se fit dans l'ordre suivant :

Le général Berge, commandant par intérim le 6e corps ; le général Davenet, chef d'état-major général ;

Les sapeurs-pompiers de la ville ;

Le général Pourrat ;

L'artillerie ;

Les troupes d'administration ;

Le général de Boisdenemetz ;

Le 106e de ligne ;

Le général Brice ;

La 3e brigade de cuirassiers.

Disons à ce propos que ces deux magnifiques régiments de cuirassiers étaient venus le matin du camp, sous la conduite de leur général. Arrivés à Châlons, ils se sont formés dans les allées Sainte-Croix, et après le défilé ont repris la route du camp, où ils sont rentrés le soir après douze heures de cheval et une étape de 40 kilomètres. Honneur donc et merci à ces braves soldats !

Après le défilé, on se pressa autour des deux fils du général Chanzy, qui recevaient les adieux de tous.

Le corps du général fut reconduit à l'intérieur de la Cathédrale ; et un train spécial ramena à Paris MM. les ministres de la guerre et de l'Intérieur, le maréchal de Mac-Mahon et la plupart des généraux.

Pendant la nuit, le corps fut veillé par des ecclésiastiques.

Mardi matin, à 8 heures, le cercueil du général, escorté d'un peloton d'honneur composé de soldats du 106e de ligne, a été transporté à la gare et placé dans un fourgon. M. le curé de la cathédrale avait conduit le corps du catafalque jusqu'à la sortie de l'église, et dit les dernières prières.

Seuls les officiers de l'état-major du 6e corps assistaient à cette scène suprême, et non la moins pénible, de la funèbre cérémonie.

Mme Chanzy et ses enfants accompagnent à Buzancy le corps du général.

Nous ne pourrions mieux terminer ce compte-rendu qu'en citant ce passage du *Clairon*, si honorable pour notre ville :

Je viens d'assister à un spectacle imposant.

La ville de Châlons et l'armée ont fait aujourd'hui au général Chanzy des funérailles dignes d'un soldat et d'un chrétien.

Un cercueil a pu traverser une ville française, porté par nos soldats, au milieu de la foule silencieuse, émue, sans que personne songeât à s'emparer du cadavre comme d'un prétexte à manifestations bruyantes.

Le clergé de Châlons, un archevêque, deux évêques ont pu suivre le convoi de celui que nous pleurons tous, sans qu'il vînt à l'esprit de quiconque de ne point s'incliner en face de la majesté de Dieu.

Une famille éplorée a pu accompagner les restes de celui qui fut son chef, sans être troublée dans sa douleur et dans ses larmes, par les hurlements des curieux et des cabotins du patriotisme.

Cette famille a pu pénétrer dans une église et s'adonner à la prière sans provoquer des ricanements stupides.

Une ville entière, faible image de notre pauvre grand pays, s'inspirant du deuil de la France, a donné un éclatant exemple du calme et du respect qu'il convient à des citoyens dignes de ce nom, d'observer devant la mort.

Cet exemple, espérons-le, ne sera pas inutile.

Il prouvera que le peuple, quand il n'est pas surchauffé, surmené par des excitations malsaines, quand il ne veut pas se livrer aux organisateurs de violences et de scandales, sait honorer les serviteurs de la patrie qui s'en vont !

La lettre suivante a été adressée au *Figaro*, pour redresser une erreur que le correspondant de ce journal avait commise :

Châlons-sur-Marne, le 11 janvier.

Accordez-moi, je vous prie, la faveur de faire une légère rectification à votre article intitulé : *Inhumation du général Chanzy.*

« Mardi matin, dites-vous, le corps du général Chanzy qui était resté la nuit dans la cathédrale de Châlons, gardé par un piquet d'honneur, a été conduit par l'artillerie à la gare. »

Durant la dernière nuit passée dans nos murs, le corps du général fut gardé par les vicaires de la cathédrale et les professeurs de l'Institution libre Saint-Etienne.

Nos soldats, qui avaient été sous les armes depuis le matin ; nos officiers qui pendant quatre nuits consécutives avaient pleuré et prié devant les restes bénis de leur cher général, nous ont gracieusement octroyé la faveur à nous, ministres du Dieu des armées, de former, devant le cercueil déposé au pied des autels, le piquet d'honneur dont vous parlez. Nous les en remercions, et, croyez-le, nous avons été fiers et heureux de la mission qu'ils nous ont confiée.

Nous n'avons fait du reste que les imiter. A genoux comme eux, nous avons prié et pleuré devant ce cercueil qui renferme tant de gloire passée, tant d'espérances anéanties. Nous avons prié Dieu, dont la miséricorde est infinie, d'avoir pitié de l'âme noble et généreuse de ce soldat qui n'eut pour devise que ces mots : *Dieu et Patrie.*

Nous nous souviendrons longtemps de cette nuit où nous eûmes le suprême honneur de représenter la France chrétienne pleurant un digne fils de ses héros, un soldat chrétien comme nous en souhaitons beaucoup à notre cher pays.

Agréez, Monsieur le rédacteur, mes sentiments les plus distingués. X.

A Vouziers et à Buzancy.

A Châlons, c'était la grande solennité, la pompe funèbre d'une armée frappée dans son chef, la France militaire en deuil faisant cortège à la dépouille du héros de Coulmiers, dans lequel son anxieuse espérance s'efforçait d'entrevoir le vengeur de demain.

A Vouziers et à Buzancy, c'est le deuil intime, le deuil du pays natal, autre côté, moins grandiose, plus poignant peut-être, de ces funérailles d'un soldat.

Quand le cercueil est arrivé à Vouziers, toute la petite ville était là.

M. Terlot, premier adjoint, chargé par la municipalité de prendre la parole, s'est, au nom de ses collègues, exprimé en ces termes :

Saluons au passage cette chère dépouille en attendant que nous la conduisions à sa dernière demeure.

La douleur que nous ressentons de la mort du général Chanzy est doublée de ce sentiment intime de regret que l'on n'éprouve que pour sa famille; c'est qu'aussi cet aimable compatriote était bien de notre famille à tous; après avoir été un enfant de notre pays, il en était devenu l'appui. Arrivé, par son travail, aux plus hautes destinées militaires que l'homme puisse ambitionner, il n'a jamais cessé de porter un intérêt tout particulier au pays qui l'a vu naître, et de notre côté, pourquoi ne l'avouerions-nous pas ? nous étions fiers de sentir de plus près les rayons de cette gloire d'un des nôtres.

Doué du caractère à la fois le plus noble et le plus simple, il est toujours resté accessible à tout le monde, et nous devons ajouter que jamais une cause digne et juste n'a été privée de son appui.

Honneur donc à ce brave enfant de notre pays.

Je n'essaierai pas d'apporter des consolations à cette noble épouse et à sa chère famille, je ne m'en sens pas le courage, car, pour être sans doute moins aiguë que la leur, notre douleur n'est ni moins grande, ni moins vive, et nous ne pouvons que la mêler à la leur.

Aussi désirons-nous que cette modeste couronne que la ville de Vouziers dépose, par nos mains, sur cette tombe, soit considérée comme l'expression de nos plus sincères regrets et de l'éternelle sympathie que ses habitants conserveront pour la mémoire du général Chanzy.

Adieu, brave et digne général ! Adieu, cher compatriote ! Si, comme j'en ai l'intime conviction, l'honnêteté, la loyauté et la bravoure, doublées du plus pur et du plus noble patriotisme, doivent trouver leur récompense après la mort, votre place est au premier rang.

Encore une fois, adieu !

M. le président du tribunal prononça ensuite quelques émouvantes paroles, puis les membres de la famille furent reçus chez M. le docteur Rousseaux.

Après quelque temps d'attente, le funèbre cortège, composé comme nous l'avons dit plus haut, se mit en marche ; derrière le corbillard venait un long chariot surchargé de couronnes splendides adressées de tous les points de la France.

Arrivé aux confins du territoire de Vouziers, le cortège s'arrêta et le corbillard continua lentement sa marche.

Buzancy est à 23 kilomètres de Vouziers.

Le fils aîné du général, Georges Chanzy, a voulu faire à pied cette funèbre étape, pendant laquelle un escadron de chasseurs à cheval, venu de Stenay, a formé l'escorte.

Le cortège est arrivé à Buzancy vers cinq heures du

soir; la municipalité l'y attendait avec les pompiers en armes.

Il était presque nuit, le corps fut transporté dans la chapelle ardente du petit château que le général a acheté, on peut le dire, sur ses économies.

La garde d'honneur fut confiée pendant la nuit aux pompiers de Buzancy.

Mercredi a eu lieu l'inhumation dans le caveau de famille. L'assistance était énorme; tous les villages de la contrée étaient là.

L'archevêque de Reims, arrivé la veille, a présidé à la cérémonie et prononcé l'admirable oraison funèbre dont voici le texte :

Allocution

Prononcée par Son Excellence Monseigneur l'Archevêque de Reims, aux funérailles du général Chanzy, le 10 janvier 1883, dans l'église de Buzancy.

Avant de terminer les prières que la sainte Eglise catholique a mises sur nos lèvres pour le repos de l'âme qui vient de retourner à son Créateur, avant de confier à la terre cette dépouille qui doit ressusciter glorieuse, vous me demandez, mes très chers frères, de traduire les émotions qui vous pressent en laissant un moment parler mon cœur; c'est, d'ailleurs, mon devoir pastoral de résumer en quelquss paroles les enseignements qui ressortent de cette douloureuse, mais vraiment admirable et fortifiante cérémonie.

A Châlons, il y a deux jours, la France, par ses plus illustres représentants, venait rendre les honneurs suprêmes au glorieux soldat qui, depuis plus de trente ans, l'avait servie et défendue sur les champs de bataille, au travers des plus grands périls. L'Afrique, les montagnes du Liban, les plaines de la Lombardie, les rives de la Loire, surtout, où il défendait pied à pied le sol de la patrie, diront assez aux générations à venir les services et la gloire militaire du général Chanzy.

Cet héroïque soldat était encore à la tête de ses troupes décimées lorsque vous l'avez nommé, à son insu, votre représentant. La paix signée malgré lui, pour continuer à servir la France, il devient succcessivement administrateur et diplomate.

L'Algérie se réorganise rapidement sous sa direction, à la fois paternelle et ferme. A Saint-Pétersbourg, il saura nous rendre la Russie bienveillante, parce qu'il a conquis en peu de jours l'estime et l'affection du Czar. Au milieu des insignes de l'honneur déposés au pied de ce cercueil, vous pouvez en remarquer un, couvert de diamants plus riches que les autres, et qu'il était heureux de faire briller sur son cœur, ici, il y a quelques mois, au jour de la confirmation de ses enfants. C'est la décoration avec laquelle mourait l'empereur Alexandre II, et que Alexandre III détachait de sa propre main pour la placer sur la poitrine du général Chanzy, en lui disant : « Vous étiez le meilleur ami de mon père, personne n'est plus digne que vous de la porter. »

Sur sa demande, il est relevé de ses fonctions d'ambassadeur ; et bientôt, placé à la tête du sixième corps d'armée, il est chargé de garder cette frontière vers laquelle se tournent tous les regards patriotiques. Or, je le demande, à quelles mains plus habiles ou plus vaillantes aurait-on pu la confier ? Aussi, quelle douleur, quel deuil, quand retentit tout-à-coup cette nouvelle fatale : *Chanzy est mort !* De Dunkerque à Bayonne, de Brest à Toulon ; à Metz, à Strasbourg, tous les cœurs français sont atteints comme ils l'étaient au jour où mouraient Bayard et Duguesclin.

C'est que Dieu venait de nous ravir, non-seulement une gloire, mais une espérance.

Un aveu venu jusqu'à nous d'au-delà de la frontière, nous révélerait au besoin l'immensité de notre perte !

Nous l'avons sentie, cette perte, plus que tous les autres, nous, enfants des Ardennes, nous, dont il était le concitoyen, le bienfaiteur et l'ami.

Avec la France, nous l'honorions hier ; aujourd'hui nous venons pleurer et prier avec ceux qui perdent en lui un époux, un frère, un père... et quel père !... un seul mot nous le dira.

Il y a dix-huit mois (c'était au jour de la confirmation), à cette place, qu'il occupait tous les dimanches, je le vois encore ! il pâlit tout à coup, des larmes coulent sur son mâle visage, pendant que ses enfants, interrogés sur le catéchisme, répondaient à nos questions ; et après la cérémonie, il nous disait : « J'ai vu souvent la mort de près sans trembler, j'ai tremblé tout à l'heure quand vous avez interrogé ma fille. »

Il était bon pour tous ; vous le savez mieux que personne, vous qui l'avez connu depuis son enfance, vous ses amis, vous ses compagnons d'armes.

Mais d'où lui venait cet assemblage de qualités éminentes qui ont fait de lui un homme si parfait dans la vie privée ; sur le champ de bataille, un capitaine si puissant ; dans la vie publique, un si grand citoyen, planant au-dessus des partis, servant son pays avec un noble désintéressement, prodiguant partout, sans calculer, son activité, son intelligence, son sang.

Lui-même nous l'a dit à Vouziers le 12 décembre 1881, en prononçant sur la tombe d'un ami les belles paroles dans lesquelles il nous révèle tout le secret de sa grandeur : « Véritable » homme de bien, il a rempli sa tâche sur cette terre, sans os- » tentation, comme sans faiblesse, en faisant constamment son » devoir ; il était de ceux qui ont conservé intactes LES PLUS » NOBLES CROYANCES QUI ONT FAIT DE LA FRANCE LE GLORIEUX PAYS » DE LA FOI, DES IDÉS GÉNÉREUSES ET DE L'HONNEUR. »

Ces sentiments, il les affirmait encore publiquement trois jours avant sa mort : « LA RELIGION EST LA SOURCE DU VRAI PATRIOTISME ; » elle met au foyer domestique l'ordre et le bonheur ; sans elle » il n'y a pas d'homme complet. »

Gardons ce souvenir et ces impressions, Messieurs. Gardez-les, vous surtout, bons habitants de Buzancy, à qui il a voulu confier sa tombe, préférant une place dans votre modeste cimetière à celle qui lui était offerte et qui lui était bien due, à côté des plus braves, sous le dôme glorieux des Invalides.

Bossuet a dit du prince de Condé : « Son ombre même aurait gagné des batailles. » La vôtre, ô Général, nous apprendra les mâles et chrétiennes vertus qui font les bons citoyens, qui préparent la grandeur des peuples et leur assurent la victoire au jour des combats.

Le général Berge, quittant un instant le commandement des troupes du 6e corps, est venu, et avec lui vingt-cinq généraux et colonels, estimant que Chanzy devait avoir, avant de descendre dans la tombe, les derniers regards et les derniers adieux des chefs de l'armée qui le pleure.

Les cordons du poêle étaient tenus par le général Hanrion, le préfet des Ardennes, le président du tribunal de Vouziers, M. de Ladoucette, député de Vouziers.

La Fanfare libre de Vouziers prêtait à la cérémonie le concours de ses funèbres accents.

A deux heures, le cortège s'est dirigé vers le cimetière où la famille Chanzy possède un modeste caveau mitoyen avec le parc et où ne repose encore qu'un seul membre de la famille : Lucien Chanzy, ce fils mort des suites d'un accident, alors que le général était gouverneur de l'Algérie.

Beaucoup de journaux de Paris ont exprimé le sentiment d'admiration que leur a fait éprouver l'attitude de la population châlonnaise, pendant les jours qui ont suivi la mort du général Chanzy. Nous avons déjà cité un journal royaliste, le *Clairon;* voici maintenant un extrait du *Temps*, feuille républicaine :

« Ainsi que je vous l'indiquais hier, c'est une véritable consternation qui pèse sur la ville de Châlons depuis la mort du général Chanzy.

» Placée à peu de distance de la frontière de l'Est, elle se sentait pleine de confiance en songeant qu'elle avait pour hôte et pour défenseur le général qui fit la campagne de la Loire. Et elle s'est mise en deuil aux obsèques, manifestant non-seulement ses sentiments du côté militaire, perdant un de ses plus illustres chefs, mais aussi ses regrets pour l'homme qui vivait avec sa famille au milieu d'elle, et dont elle avait pu apprécier les qualités privées et le caractère. »

De même, dans le *Moniteur Universel* :

« Tandis qu'à Paris, la foule immense qui se pressait autour du cercueil de l'homme politique appartenait tout entière à la curiosité et au désir de se repaître d'un spectacle inaccoutumé ; à Châlons, à la cérémonie funèbre célébrée en l'honneur du commandant du 6e corps, c'était bien une affection véritable et profonde qui étreignait le cœur de tous les assistants. Combien l'attitude des Châlonnais était différente de celle de la plupart des Parisiens ! Au lieu d'une foule indifférente et distraite, rieuse et bavarde, échangeant des commérages et des lazzi, une population recueillie et silencieuse, partout la tristesse sur les visages et le deuil sur les vêtements.

» C'est que l'idée religieuse qui manquait aux obsèques de M. Gambetta planait sur les funérailles du général Chanzy, et faisait passer dans toutes les âmes les graves pensées qu'inspire la mort aux consciences chrétiennes.

» Laquelle de ces deux cérémonies est la plus touchante, la plus émouvante ? Où est la vraie grandeur ? la vraie majesté ? Et, des deux morts que pleurent la République et la France, quel est celui dont le souvenir se transmettra aux populations avec un plus imposant cortège de regrets, de vénération et de respect ? »

LETTRE

De Son Excellence le cardinal LAVIGERIE, ordonnant un service funèbre dans la cathédrale d'Alger, en mémoire de M. le général CHANZY.

Carthage, le 10 janvier 1883.

Monseigneur,

...... En prescrivant des prières dans notre église métropolitaine pour notre ancien gouverneur général, je n'obéis à aucune pensée politique.

Vous savez quels sont mes principes à cet égard. Notre ministère de prière et de paix ne doit pas être subordonné aux passions et aux préférences des partis. Mais rien ne nous empêche, et au contraire tout nous ordonne de nous associer publiquement au deuil universel de la France pour l'un de ceux qui, dans des jours néfastes, ont cherché à sauver son honneur militaire et forcé, par le désespoir même de leur défaite, l'estime du vainqueur.

L'Afrique ne peut oublier d'ailleurs que la vie du général Chanzy est liée tout entière à son histoire. Il y vint simple sous-lieutenant, il y a quarante années. De degré en degré, à force de valeur, de travail, d'habileté, de patriotisme, il y est parvenu au sommet de la hiérarchie. Je ne puis oublier moi-même que, depuis plus de vingt ans, ma vie a été rapprochée de la sienne, en Syrie, à Rome, à Alger ; que je me suis trouvé associé à ses joies les plus pures et à ses plus amères douleurs. Aussi ai-je pu connaître ce que son âme renfermait de sentiments élevés, généreux, et, je le dis aujourd'hui à sa gloire, vraiment chrétiens.

J'aurais voulu lui rendre à Alger, publiquement, ce témoignage et m'unir ainsi au deuil de la colonie, de l'armée, des siens surtout. Mon absence ne me le permettra pas. Je ne pourrai que me joindre de loin à vos prières. Je le regrette ; car j'aurais donné, je le crois, à ceux qui le pleurent, les seuls vrais adoucissements que leur douleur puisse recevoir après cette mort imprévue. Je leur aurais dit, parce que je le sais, que s'il eût vu venir le moment suprême, il aurait demandé le secours et les consolations de la foi. C'est ce qui m'inspire, en présence même des fragilités de la nature et des obscurités de la mort, confiance dans la miséricorde infinie. « *Celui qui n'aura pas rougi de moi devant les hommes, je ne rougirai pas de lui devant mon Père, qui est dans les cieux.* » En d'autres temps, on pourrait ne pas bien comprendre la vérité de cette parole. Elle éclate dans un temps où il ne faut souvent rien moins que de l'héroïsme pour confesser le nom de Dieu.

Je devrais sans doute, si je parlais à ses funérailles, laisser à d'autres le soin de rappeler ses glorieux services, non-seulement sur les champs de bataille, mais dans le gouvernement, dans les conseils de la nation, dans la diplomatie, car il a eu ce rare mérite de réunir dans sa personne les dons les plus divers et en apparence les moins conciliables. Mais il m'appartiendrait de compléter ce que je viens de dire du chrétien, en rendant hommage aux qualités et aux vertus qui font l'homme de bien, le père digne de ce nom.

C'est, il y a plus de vingt ans, en Syrie, que je le vis pour la première fois. Il y prenait part, comme colonel, à la campagne qui suivit les massacres du Liban. Je me rappelle son ardeur à prendre la défense des chrétiens cruellement éprouvés et qui n'espéraient plus que dans l'épée de la France. Il était dans tout l'éclat de la force et de la vie, déjà également remarquable par sa bravoure, par sa distinction, par sa finesse, et plus encore peut-être par sa bienveillance et sa bonté.

Je le retrouvai bientôt à Rome, où il faisait partie de l'armée d'occupation, lorsque j'y séjournais moi-même. J'ai raconté, le jour du mariage de sa fille, dans cette même cathédrale où vous allez prier pour son âme, un trait charmant de la bienveillance de Pie IX et de la foi du général. Il avait voulu, au moment du départ, présenter au Saint-Père sa femme, sa fille, qu'il avait toujours tendrement aimée, car il était le meilleur des pères. Le Pape, qui l'avait distingué déjà, le combla de ses bontés; et comme le général lui demandait un dernier souvenir, il appela l'enfant et, prenant sa plume, il lui dit :

« Vous vous marierez un jour, sans doute. Prenez cette plume : elle servira à signer votre mariage, et la bénédiction de ce vieux Pontife vous accompagnera pour vous porter bonheur. »

Pour qui connait la grâce de Pie IX, ces paroles n'ont rien que d'ordinaire. Mais ce qui ne le fut pas, c'est la fidélité du général à les conserver dans son cœur, et sa volonté de les faire publiquement connaitre, il y a cinq ans à peine. Les temps avaient marché cependant et aussi beaucoup d'opinions malsaines. On sait ce qu'il en coûte à quelques-uns de les avoir bravées. La veille du mariage de sa fille, il me porta cette plume, il m'en raconta l'histoire. Je la répétai devant lui, le lendemain, du haut de la chaire, en présence de l'assistance la plus brillante et la plus nombreuse, à coup sûr, qu'ait jamais vue notre église métropolitaine. L'acte du mariage fut signé par tous avec la plume de Pie IX.

Mais quels contrastes ! C'est dans cette même église, où nous le vîmes alors rayonnant du bonheur de sa fille et des honneurs qui l'entouraient, que nous avons vu aussi couler ses larmes les plus amères sur la tombe d'un fils, de ce Lucien dont la vive intelligence présageait déjà l'avenir, et qui mourut, à sept ans à peine, d'un accident terrible. Vous vous souvenez, Monseigneur, de ces sanglots qui révélaient la tendresse du père, la sympathie de tous pour une douleur si sainte et si vraie. J'hésitais à prendre la parole pour ne pas prolonger tant d'émotions. Mais, sachant que je devais parler du bonheur assuré aux enfants qui quittent la vie avant d'avoir connu ses souillures, il voulut que je montasse dans la chaire pour entendre cette vérité. Quel spectacle et quel discours ! Ce général, qui n'avait pas désespéré de la France, désespéré vraiment auprès de son fils qui n'était plus, se relevant un moment aux pensées de la foi, et se prenant à sangloter encore jusqu'à ce qu'enfin je descendis pour le conduire à l'entrée du caveau où nous déposions le cercueil ! Cher général ! je n'oublierai jamais son serrement de main et son regard à ce moment où, certes, l'homme ne cherchait pas à cacher son âme. Je la vis tout entière, et rien ne m'enlèvera l'espérance que Dieu l'a reçue dans sa miséricorde, auprès de l'enfant qu'il pleurait alors.

Combien de traits de la bonté de son cœur je pourrais citer encore ! je me contenterai d'un seul :

Il y a quelques années, se trouvait à Alger, avec ses enfants, une noble femme que des souvenirs illustres entre tous rattachaient étroitement à l'armée. Des revers inouis l'avaient, presque aux portes de la vieillesse, jetée dans la détresse.

Etablie dans un logement modeste, elle fut réduite, un moment, à ne pouvoir en payer le prix, et menacée dès lors de se trouver sans asile. J'en fus averti, comme l'évêque l'est toujours des douleurs qui se cachent à tous les regards. Mais ici, il ne s'agissait plus d'une aumône ordinaire. J'étais moi-même à bout. Je pensai au général. Il était dans son palais de Mustapha. J'y courus. Je lui racontai tout. Il m'écoutait avec son attention bienveillante, mais évidemment embarrassé du gros chiffre d'une telle aumône. En me levant pour sortir, je lui pris la main et lui dis :

— Général, j'espère bien que cela ne sera jamais, mais si l'on venait dire, un jour, à l'un de vos compagnons d'armes que votre enfant est dans une situation semblable, comment voudriez-vous qu'il répondît ?

Sa physionomie changea tout-à-coup. J'avais touché le cœur du père.

— C'est bien, me dit-il. Je vais voir ce que je puis.

Le lendemain, le général faisait déposer discrètement 3000 fr. dans les mains de ma pauvre recommandée.

Que je regrette de n'avoir pu raconter ce trait sur son tombeau et redire à ceux qui l'aimaient les promesses de nos saints livres: *Beatus qui intellegit super egenum et pauperem in die malâ, liberabit eum Dominus.*

J'aurais pu joindre à ce souvenir des souvenirs non moins honorables : la justice bienveillante qu'il ne cessa d'accorder à nos œuvres africaines, sachant, malgré des clameurs passionnées, que la charité telle que nous la pratiquons ne peut que servir ici la cause de la mère-patrie ; le courage avec lequel il voulut faire donner à son fils l'éducation solide et chrétienne qu'il croyait la plus propre à en faire un homme digne de la France et de lui ! On lui parlait, pour l'arrêter, des attaques qu'il devait craindre et qui ne manquèrent pas, en effet, et il ne s'en montra pas ému.

Je pourrais encore rappeler les nobles dévouements qu'il a suscités chez ceux qui l'entouraient, celui en particulier que l'un d'eux (1), en qui brillent d'un éclat si pur l'honneur, la vertu mâle et sans tache, a porté jusqu'à l'héroïsme; ce qu'il fut à Saint-Pétersbourg, ses dernières paroles sur l'union nécessaire de la religion et de la patrie. Mais tout cela s'est passé loin de nous et appartient à l'histoire.

Or, ce que je voudrais, ce n'est pas parler de sa gloire, car que lui fait la gloire aujourd'hui ? c'est rendre témoignage à ce qui doit relever le courage et les espérances de cette femme excellente elle aussi, le modèle des mères, de ces enfants dont il était l'honneur et la vie, et qui restent seuls maintenant sur une tombe qu'un coup de foudre a subitement creusée; c'est leur répéter avec l'Eglise : « Il a aimé, il a cru, il a espéré : *in te speravit et credidit.* Ayez confiance ! Dieu a une justice, des lumières, des miséricordes dont nos faibles yeux ne peuvent percer les mystères. »

Mais ils sont loin et ma faible voix ne peut leur porter ces espérances.

Ils sauront du moins que nous avons uni nos prières aux leurs pour celui qu'ils ont aimé sur cette terre où il a si longtemps vécu, et qui se glorifie de son nom.

Agréez, etc.

† Charles, Cardinal LAVIGERIE,
Archevêque d'Alger.

(1) M. le colonel R. de Boisdeffre, alors capitaine d'état-major, quitta Paris en ballon, pendant le siège, pour aller rejoindre son général à l'armée de la Loire. Il le suivit à Alger, à Saint-Pétersbourg, et était encore auprès de lui à Châlons.

II.

Déposition du général Chanzy devant la Commission d'enquête sur la Défense nationale

On a beaucoup parlé du rôle de M. Gambetta dans la résistance que le pays, après la chute de Metz, a opposée aux armées prusiennes. On n'a pas craint, dans certaines feuilles, pour glorifier l'ancien dictateur, de rabaisser les services rendus par les généraux et l'armée. Le général Chanzy lui-même n'a pas été épargné. On en a fait le « lieutenant » de M. Gambetta. A ces appréciations si peu justifiées, il n'y a qu'une réponse à faire : c'est de reproduire, au moins dans ses parties principales, la déposition du général Chanzy devant la Commission parlementaire d'enquête sur les actes du gouvernement de la Défense nationale. Malgré sa préoccupation évidente de ne pas charger M. Gambetta, l'ancien commandant en chef de l'armée de la Loire s'est exprimé avec une entière franchise. Son témoignage ne sera certainement pas récusé. Il est accablant. Parlant de l'action militaire exercée par M. Gambetta et ses collègues du gouvernement du

4 Septembre, et par M. de Freycinet, le général Chanzy s'est exprimé ainsi :

J'arrive au gouvernement. Là encore, si je trouve que cette grande œuvre des opérations militaires a été mal dirigée, que les combinaisons ont été le plus souvent mauvaises, je ne puis trop en accuser ceux qui en ont la responsabilité; évidemment, ils croyaient les mesures qu'ils prenaient les meilleures; ils ont fait ce qu'ils croyaient pouvoir faire. S'ils ont fait mal, c'est parce qu'ils n'étaient pas du métier. Selon moi, quand il a vu l'armée prussienne marcher sur Paris, bien qu'il n'ait peut-être pas cru possible un investissement aussi complet de la capitale que celui qui s'est effectué, le gouvernement a commis une faute énorme en maintenant dans Paris tout ce qui était utile en province. Il fallait y laisser les forces nécessaires, c'est évident, mais non 400,000 hommes, et surtout il ne fallait pas y conserver les seuls hommes qui auraient pu organiser la résistance ailleurs et la diriger. Il ne faut donc pas que le gouvernement de Paris dégage sa responsabilité de ce grand fait. Le plus grand reproche qu'on puisse lui faire, c'est d'être resté dans Paris et d'avoir envoyé en province des hommes... — je ne les connais pas, c'est pour la première fois que j'aperçois M. Crémieux, — des hommes qui, évidemment, n'avaient aucune des qualités qu'il faut pour organiser des armées et les conduire.

....

M. Gambetta arrivait à Tours en ballon et apportait précisément ce qui manquait aux deux autres : la confiance et l'énergie de la jeunesse. Il a créé des armées et les a dirigées; il s'est trompé, mais je ne puis en accuser sa bonne foi. Il croyait bien faire, car il aimait son pays et il voulait le tirer d'affaire. Il a pu se tromper, mais alors le reproche tombe sur le gouvernement de Paris, qui l'envoyait en province muni du décret du 1er octobre, lui donnant tout pouvoir pour tout organiser, tout diriger. Il était donc bien le mandataire du gouvernement. Il le résumait aux yeux du pays, il devait tout tenter pour le sauver. Pour moi, il l'a fait. Malheureusement, les armées ont été mal dirigées, les efforts ont été mal combinés et désunis au lieu d'être simultanés. Nous avions des forces dans le Nord avec Faidherbe; d'autres dans l'Est, avec des généraux changés trop souvent pour que je me rappelle leurs noms; une armée sur chacune des rives de la Loire. Il est évident que tous ces corps, manœuvrant isolément sans plan d'ensemble, pouvant être successivement attaqués par l'armée prussienne placée au milieu d'eux, ne se prêtant mutuellement aucun appui, composés de troupes trop nouvellement organisées pour présenter une cohésion suffisante, ne pouvaient séparément lutter contre les armées solides et groupées des Allemands. C'est ce qui est arrivé, parce que, je le répète, nos efforts ont constamment été décousus; nous nous sommes successivement présentés à l'ennemi et nous avons été battus; nous avons pourtant résisté, mais sans succès.

....

Je crois que, dans cette période si désastreuse pour nous, notre pays a fait plus d'efforts qu'il n'en aurait fallu pour arriver au succès, si ces efforts avaient été faits en temps opportun et surtout s'ils avaient été bien dirigés.

....

Un membre. — J'ai été frappé de ce que vous venez de dire et cela rentre complètement dans mon ordre d'idées. Il n'est dans la pensée de personne de ne pas reconnaître les services que l'armée a rendus à la France; mais, ce que j'attends de vous, ce serait une explication plus claire, plus précise des fautes commises par la direction donnée; c'est que vous dégagiez le mérite réel et la gloire acquise par les généraux des fautes commises par des hommes qui ne savaient rien du métier et qui ont eu l'audace de s'arroger le commandement. Pourriez-vous nous indiquer les difficultés que vous avez rencontrées? Ainsi, personne n'ignore que le général Trochu et d'autres généraux ont eu des plans; n'ont-ils pas dû y renoncer en raison des mesures qui leur étaient imposées?

M. le général Chanzy. — Parfaitement. Des plans ont été imposés. A ce sujet, je dirai que j'ai cru utile de renseigner ceux qui n'ont pu suivre les événements, et le nombre en est

4

grand, car il n'y avait pas seulement Paris bloqué, mais dans tout le reste de la France les communications étaient difficiles. Pour renseigner le pays, je fais paraître un ouvrage de 658 pages, dans lequel j'expose les plans que j'avais conçus, ceux qui m'ont été imposés et toutes les correspondances échangées à ce propos.

M. le général d'Aurelles de Paladines. — Oui, nous avons eu des plans proposés par des gens qui n'y entendaient rien. Ils s'imposaient un plan devant être exécuté tel jour, à heure fixe, sans tenir compte ni des circonstances, ni des événements, ni des marches, ni des intempéries. A l'heure fixée, le plan devait être exécuté; voilà précisément le malheur. Nous avions affaire à des gens qui n'avaient aucune idée de la stratégie; ainsi, par exemple, M. de Freycinet. Je dois dire que M. Gambetta se rendait plus facilement aux raisons qu'on lui imposait; mais, quant à M. de Freycinet, c'était un homme absolu, qui voulait imposer sa volonté.

M. le général Chanzy. — Tout cela revient à ce que je disais : Pourquoi le gouvernement de Paris avait-il envoyé Gambetta comme ministre de la guerre? Pour moi, je reconnais que Gambetta a déployé beaucoup de qualités dans ces circonstances. Je ne parle pas de sa situation politique, je n'avais pas à m'en occuper, et, quand je me suis trouvé avec lui, je ne lui en ai jamais dit un mot; je parle de l'homme, que je voyais à l'œuvre, courant la France, cherchant à ranimer tout le monde, créant des armées. Je lui rends toute justice à cet égard. Quant à la direction générale de la guerre, c'est autre chose. Ayant beaucoup à faire comme ministre de l'intérieur, il avait auprès de lui des gens qui voulaient à tout prix s'occuper de la direction des opérations militaires et imposer des plans. A leur tête était M. de Freycinet; peut-être a-t-il rêvé qu'il était un Carnot, je n'en sais rien. Toujours est-il qu'il faisait des plans, les imposait et n'acceptait pas ceux qu'on lui proposait. Les plans de campagne n'ont donc point été discutés, ils ont été imposés. Quand, à Laval, j'exposai de nouveau à Gambetta celui que j'avais conçu, je le rencontrai, comme le disait tout à l'heure le général d'Aurelles, disposé à faire ce qu'on lui proposait; mais, dès qu'il se trouvait dans un autre milieu, les considérations que faisaient valoir ses stratégistes reprenaient le dessus.

M. le comte de Rességuier. — Ce plan que vous indiquez, vous dites qu'il a été repoussé?

M. le général Chanzy. — Dans mon ouvrage, je donne ce plan et les dépêches qui mentionnent le refus de l'accepter.

M. le comte de Rességuier. — C'est à M. Gambetta que vous l'aviez soumis?

M. le général Chanzy. — Parfaitement. Maintenant, on m'a dit : « Vous étiez général d'armée, vous auriez pu l'exécuter. » Cela n'est pas sérieux. Je n'ai jamais été le général en chef de toutes les armées. Si je les avais eues toutes sous mes ordres et si j'avais pu les faire concourir toutes à un même but, je ne me serais point inspiré des idées de M. de Freycinet. Je n'avais qu'une armée à commander, je ne pouvais point imposer de plans d'ensemble; mon devoir était d'exécuter ceux qui m'étaient imposés. Plus tard, après la retraite du Mans, qui n'était pas un désastre, je voulais ne pas perdre trop de terrain; je proposai donc une autre combinaison, qui a été repoussée. Je voulais me retirer sur Alençon au lieu de me retirer sur la Mayenne. De cette façon, je me rapprochais de Paris et me tenais plus en position de faire ce que je voulais faire, c'est-à-dire, après une fausse démonstration sur Chartres, que les Prussiens semblaient chercher à couvrir, de me rapprocher le plus possible de Versailles et d'y faire entendre mon canon. Je crois toujours que, bien qu'avec des armées improvisées, nous pouvions réaliser ce programme, et que ce qui l'a empêché c'est la mauvaise direction donnée à nos opérations.

M. le comte Daru. — Nous savons ce qu'a produit cette direction, mais, indépendamment de l'incapacité militaire, n'êtes-vous pas convaincu que les idées, les préventions politiques ont nui à la bonne organisation de l'armée? Il y avait un parti pris en matière d'organisation militaire; on voulait l'élection des officiers, l'envoi de commissaires civils aux armées, la prépondérance des préfets sur les généraux, etc., etc.

Vous êtes-vous aperçu de l'influence que ces doctrines ont pu exercer sur le résultat des opérations ?

M. le général Chanzy. — Il n'y a point eu d'élections d'officiers dans mon armée ; je n'en aurais point souffert, j'aurais résigné mon commandement. J'ajouterai que je n'ai jamais voulu admettre près de moi certains individus que l'on cherchait à y envoyer et dont je pourrais citer les noms.

Un membre. — Vous n'aviez pas de commissaire civil près de vous ?

M. le général Chanzy. — Je n'en ai jamais voulu.

M. le comte Daru. — Dans quel but envoyait-on aux armées ces commissaires civils qui ne connaissaient rien aux choses militaires ?

M. le général Chanzy. — Je ne suis pas bien sûr qu'il n'y ait pas eu de ces commissaires dissimulés sous des habits militaires. On m'a envoyé M. Lissagaray sous l'uniforme de chef d'escadron. Je n'ai pas admis un instant que M. Lissagaray fît partie de mon état-major. Toutes les fois que je me suis aperçu que je pouvais avoir affaire à un envoyé de ce genre, je refusais de le recevoir. Si on avait voulu me l'imposer, j'aurais demandé à être relevé de mon commandement.

La Bataille du Mans [1].

Le 10 janvier au soir, à peu d'exceptions près, toute l'armée se trouvait réunie autour du Mans, et tout présageait pour le lendemain une bataille importante. Les troupes restées sur les positions pendant les opérations des colonnes mobiles n'avaient pas perdu leur temps : partout elles avaient préparé des épaulements pour les batteries, des tranchées et des abatis pour la défense des lignes,

[1] Extrait de la *Deuxième armée de la Loire,* par le général Chanzy.

coupé les routes et les chemins; les corps s'étaient complétés le plus possible en vivres, en effets de toute nature et en munitions. L'artillerie avait reçu de nouvelles batteries de mitrailleuses et de canons de 7, et complété ses attelages; la cavalerie avait pu tirer des divers dépôts un renfort assez important en chevaux et en hommes. A part les nombreux varioleux, dont le déplacement était impossible, les malades et les blessés avaient été évacués au loin sur les derrières. Le camp de Conlie, dont l'organisation n'avait rien produit de sérieux, avait été levé d'après les ordres du ministère et sur la demande du général de Marivault, qui le commandait, après avoir fourni à la deuxième armée tout ce qu'on avait pu en tirer, et renvoyé dans les diverses villes de Bretagne la majeure partie des mobilisés qui y avaient été réunis sans qu'on eût pu encore leur donner ni fusils, ni équipements, ni vêtements.

Le général en chef, auquel on avait fait espérer un renfort de 60,000 hommes, que les mobilisés bretons, animés des meilleurs dispositions, pouvaient facilement fournir s'ils avaient été organisés, ne put donc en tirer qu'environ 9 à 10,000 combattants, mal armés de fusils de différents modèles, à peine exercés, manquant de cadres sérieux, mal vêtus, mal approvisionnés et n'ayant même pas, à leur arrivée au Mans, les munitions qui leur étaient indispensables.

Telle était la situation en face des efforts qu'allaient tenter sur la deuxième armée, contre laquelle elles semblaient s'acharner, les armées allemandes du prince Charles et du grand-duc de Mecklembourg, renforcées par le corps bavarois qui s'était reconstitué, et par les troupes tirées de l'investissement de Paris. La lutte se préparait menaçante, mais il n'y avait plus à l'éviter. Il fallait combattre comme à Josnes, dans de meilleurs conditions toutefois, et persister de façon à lasser l'ennemi déjà décimé par une série de combats meurtriers, fatigué par des marches pénibles dans la boue et dans la neige, se servant difficilement de son grand élément de succès, l'artillerie, pour le poursuivre à notre tour s'il échouait contre notre résistance. Bien que n'ayant point été tous à notre avantage, les combats des derniers jours pouvaient nous donner la confiance, nous amener à croire que cette résistance était possible. Dans tous, les pertes des Allemands avaient été au moins égales aux nôtres. Tous les renseignements recueillis depuis, de la bouche même des officiers de l'état-major prussien, pendant leur séjour au Mans, confirment l'état de découragement auquel cette lutte opiniâtre et pied à pied avait réduit leurs troupes, état moral qui devait s'affirmer tellement à la fin de la journée du 11 que, sans un concours de circonstances aussi fatales qu'inattendues, l'ennemi se fût mis bien certainement en retraite ce jour-là.

Le général en chef, sentant qu'il fallait stimuler le zèle et l'énergie de tous, parcourut le 11 au matin le front des troupes depuis les Tuileries jusqu'à celles d'Yvré-l'Evêque, s'assurant que les dispositions étaient bien prises et annonçant qu'il venait d'obtenir du ministre le droit de récompenser sur le champ de bataille tous les dévouements comme aussi de réprimer avec la dernière rigueur toutes les défaillances.

La neige, qui couvrait le sol sur une grande épaisseur, avait cessé de tomber ; le temps était froid, l'atmosphère complètement dégagée : on pouvait suivre au loin les divers mouvements qu'allait entraîner la bataille. Soldats et officiers, pressentant la gravité de la situation, mais convaincus de la nécessité de combattre, étaient pleins de confiance.

Le général, après avoir retracé la lutte soutenue victorieusement à sa gauche par le 21e corps, sous les ordres de l'amiral Jaurès, décrit la bataille livrée au centre de la position par le 17e corps, sous les ordres du général de Colomb, et la division de Bretagne sous ceux du général Goujard :

Sur l'Huisne, l'ennemi allait faire de sérieux efforts contre le plateau d'Auvours et les hauteurs d'Yvré-l'Evêque, défendus par la 2e division du 17e corps et la division de Bretagne du 21e, sous le commandement supérieur du général de Colomb. Dès la veille, les trois batteries de la 2e division avaient pris position sur le plateau, et dans la matinée elles avaient été renforcées par deux batteries de la réserve sous le commandement du chef d'escadron Isaac. Cette artillerie assurait la défense du terrain d'Auvours, qui, coupé de bois, sillonné de retranchements, domine d'un côté la vallée de l'Huisne, de l'autre la voie ferrée et les routes de Paris et d'Orléans, par Saint-Calais.

Sur les hauteurs du Luart et de la Croix, les 15e et 16e batteries du 18e régiment, tirées du 16e corps, concouraient avec les batteries de la division Goujard et une section de mitrailleuses américaines placée sur la route d'Yvré, au-dessous des épaulements du Luart, pour protéger la rive droite et toute la vallée de l'Huisne entre l'aile gauche des troupes de l'amiral et celles occupant Auvours.

La lutte commença de bonne heure contre ces dernières positions. La batterie du Luart ripostant difficilement à une batterie prussienne postée sur un mamelon couvert qui commande les Arches, le général en chef fit avancer, vers deux heures, une section de 12, qui contre-battit avantageusement l'artillerie ennemie et put prendre d'écharpe les pièces que les Allemands disposaient à droite et à hauteur de Changé. En même temps, on apercevait un grand nombre de tirailleurs précédant des colonnes qui, profitant des peupliers et des nombreux bouquets de bois dont le terrain est couvert, marchaient dans la direction d'Yvré-l'Evêque sur la gare du chemin de fer. Chaque fois que ces masses apparaissaient distinctement à travers les éclaircies du paysage, le feu des batteries de la division de Bretagne, et principalement celui des mitrailleuses, habilement dirigé par le commandant Perron, les mettait en désordre et les forçait à se rejeter en arrière. Le combat se soutint ainsi, avec avantage pour nous, en avant d'Yvré, jusqu'à la nuit.]

Il n'en était pas de même au plateau d'Auvours. Vers midi, les troupes de la gauche du général Goujard avaient évacué Champagné attaqué par des forces très supérieures, et s'étaient repliées sur le pont de Parence qu'elles gardaient. Sur le plateau, le 51e avait perdu du terrain, mais jusqu'à deux heures l'affaire se borna à un échange d'obus et en combats d'avant-postes tous à notre avantage. Dans l'un d'eux, à la station du chemin de fer, vingt-cinq hommes du 48e de marche détruisirent presque complètement une compagnie prussienne. A deux heures, l'ennemi ayant pu se tenir à Champagné et y organiser une attaque, gravit les pentes d'Auvours et déboucha brusquement sur le plateau. Pendant une heure, les mobiles du corps de Bretagne et le 51e, soutenus par des mitrailleuses, résistèrent énergiquement, mais ils finirent par lâcher pied, abandonnant trois mitrailleuses. Installés dès lors sur la position, perpendiculairement à nos lignes, les Allemands purent battre le plateau dans toute sa longueur, tandis que leur artillerie de la plaine, qui s'était rapprochée, le battait de face. — Cette situation ôta à nos jeunes troupes le sang-froid et la hardiesse qui leur eussent été nécessaires pour en sortir. Leur mouvement de retraite s'accentua de plus en plus ; il devint définitif après l'échec d'un bataillon du 48e qui essaya en vain de reprendre l'offensive. Le général Pâris ne put contenir un désordre fâcheux et ne retira qu'à grand'peine son artillerie, en laissant aux mains de l'ennemi trois pièces démontées.

Le général Goujard défendait cependant vigoureusement les ponts d'Yvré. Devant la panique de la 2e division, le général de Colomb donna au commandant des troupes de Bretagne l'ordre de reprendre Auvours, coûte que coûte. Cette mission périlleuse était en bonnes mains : le général Goujard, se mettant lui-même à la tête d'une colonne d'attaque d'environ deux mille hommes, composée du 1er bataillon des volontaires de l'Ouest, des mobiles des Côtes-du-Nord et de quelques débris ralliés du 17e corps, aborda résolûment la position et là reprit après une action des plus brillantes et des plus vigoureusement menées. Les volontaires de l'Ouest s'étaient montrés héroïques. Il avaient soutenu sans hésitation la terrible fusillade qui les accueillit et s'étaient battus corps à corps, mais leurs pertes étaient considérables. Les autres troupes les avaient imités. Le général Goujard avait eu son cheval percé de six balles ; le général en chef le nomma, sur le champ de bataille, commandeur de la Légion-d'Honneur.

Ainsi donc, sur les deux rives de l'Huisne, le général Jaurès et le général de Colomb étaient, à la nuit encore, maîtres des positions qui assuraient la défense du Mans de ce côté.

Sur la droite de nos lignes, dans le secteur sous les ordres de l'amiral Jauréguiberry, les choses étaient menées par lui avec son entrain et sa vigueur habituels, et le succès était des plus satisfaisants.

A midi, l'action, dans le secteur aux ordres de l'amiral, se dessina sur la gauche par une vive fusillade partant des bouquets de pins aux abords de Changé. Deux régiments de la division de Jouffroy soutenaient ce premier effort. L'intention de l'ennemi paraissant être de tourner notre gauche et de pénétrer dans la vallée de l'Huisne, l'amiral y porta la brigade Desmaisons qu'il avait maintenue comme réserve à Pontlieue, en même temps qu'il faisait appuyer de ce côté une partie de la division Roquebrune. C'est en conduisant ces renforts qu'un des officiers les plus vigoureux de l'armée, le lieutenant-colonel de Lambilly, sous-chef d'état-major du 16e corps, fut mortellement blessé. Le combat s'étendit bientôt jusqu'à la route de Parigné, devint de plus en plus acharné, et se continua avec des alternatives de succès et de revers. Vers trois heures, la gauche tenait bien, mais au centre nos troupes, qui avaient brûlé une grande partie de leurs munitions, commençaient à faiblir entre Changé et la route de Parigné. L'ennemi avait même pu se glisser dans les bois très touffus en avant de ces positions, et s'approcher assez près de nos batteries de la route de Parigné pour faire craindre qu'il ne les enlevât. Les troupes du colonel Bérard venaient heureusement d'arriver ; le 41e de marche tomba à la baïonnette sur les assaillants, qu'il força à reculer après leur avoir fait des prisonniers, et put s'établir sur la route même, à douze cents mètres en avant de nos batteries, position qu'il conserva toute la journée, en repoussant avantageusement toutes les nouvelles attaques que les Allemands purent essayer.

L'action dura sur toute la ligne jusqu'à six heures du soir. La nuit était venue, nous étions restés maîtres de toutes nos positions, de ce côté comme au plateau d'Auvours et sur la rive droite de l'Huisne. Notre seul échec sérieux avait été l'évacuation momentanée d'Auvours, mais il avait été rapidement et brillamment réparé par le beau fait d'armes du général Goujard à la tête d'une partie de sa division de Bretagne et des troupes du 17e corps qu'il avait ralliées. L'ennemi avait fait de grands efforts sur tout le front de nos lignes, depuis le Tertre-Rouge jusqu'à la gauche du 21e corps. Si nos pertes étaient sérieuses, les siennes étaient plus considérables encore, grâce à l'avantage que nous donnaient les positions qu'il attaquait, et sur lesquelles nous avions préparé à l'avance des moyens de défense.

Un mouvement très considérable de son artillerie, qui s'était reportée en arrière et en colonne sur les principales routes par lesquelles il avait débouché, pouvait donner l'espoir que peut-être le lendemain il se déciderait à la retraite, s'il acquérait la conviction que nous pouvions lui opposer la même résistance.

Nos troupes étaient très fatiguées, elles avaient eu à peine le temps de manger, mais leur attitude avait été bonne et devait donner confiance. Pour tout le monde, nous avions le succès ; cette première bataille du Mans, si elle se fût terminée là, était donc incontestablement une victoire.

Il restait à continuer cette résistance, à persister à défendre nos positions si les Allemands tentaient de nouvelles attaques, et à profiter de l'occasion qui pouvait se présenter de les battre si un nouveau succès de notre part les forçait définitivement à la retraite.

Il était environ huit heures du soir ; les instructions du général en chef venaient à peine d'être expédiées, lorsque le bruit se répandit que l'ennemi s'était emparé de la position de la Tuilerie. Des officiers d'état-major furent immédiatement envoyés dans cette direction; avant leur retour cette fatale nouvelle était déjà confirmée par le général Lalande lui-même, informant le général en chef qu'il arrivait au rond-point de Pontlieue par suite d'une panique de ses hommes à la vue d'une colonne prussienne marchant sur ses positions, et par la dépêche suivante, écrite à huit heures et demie par l'amiral, rentré depuis quelques instants seulement à son quartier-général :

« J'apprends que l'importante position de la Tuilerie
» (route de Mulsane) a été abandonnée après un échange
» de quelques coups de canon. Les troupes de Bretagne
» ont évacué la droite qu'elles occupaient, et le général
» Isnard de Sainte-Lorette, voyant cela, a évacué la
» gauche. Il paraît que cela s'est fait si promptement que
» le général Delplanque ne s'est aperçu de rien. J'envoie
» le général Le Bouëdec, que j'ai ici sous la main avec
» quelques troupes, reprendre immédiatement la position,
» car cette aventure extraordinaire compromet le succès
» de la journée.

» Je fais aussi prévenir le général de Roquebrune, qui,
» manœuvrant par la hauteur, favorisera le mouvement. »

Malgré la gravité de cette nouvelle, le général en chef, comptant qu'après un premier moment de trouble les mobilisés de Bretagne, appuyés par les troupes qu'on envoyait pour les soutenir, reprendraient promptement et facilement leurs emplacements sur lesquels les Allemands ne pouvaient pas encore être établis en force, rendit compte au ministre de la guerre des événements de la journée.

A minuit et demi, l'amiral télégraphiait au grand quartier général :

« Je reçois des nouvelles désolantes : on n'a pu réussir
» à reprendre la Tuilerie. Les hommes, au premier coup
» de fusil, se sont débandés. Il paraît qu'après le combat
» le général de Jouffroy n'a pas conservé ses troupes sur
» ses positions, car le général de Roquebrune m'informe
» que le Tertre est occupé maintenant par les Prussiens
» et que son flanc gauche est menacé. J'envoie demander
» des explications au général de Jouffroy. »

En effet, le général Le Bouëdec avait essayé en vain de réunir les troupes bivouaquées en avant de Pontlieue : malgré sa vigueur, son entrain et son exemple, les compagnies, reformées une à une, s'arrêtaient bientôt ; les hommes, harassés de fatigue, effarés par cette agression au milieu des ténèbres, dont ils ne pouvaient se rendre compte exactement, faisaient quelques pas, s'arrêtaient et se couchaient sur la neige. Le colonel Marty, qui, comme on l'a vu plus haut, était arrivé vers trois heures après une marche des plus pénibles, et qui avait reçu l'ordre de soutenir le général Le Bouëdec, ne réussissait pas mieux dans ses efforts. De son côté, le général Delplanque était attaqué vers quatre heures du matin : ses troupes pliaient, les fuyards augmentaient dans le faubourg de Pontlieue, où l'encombrement pouvait devenir un danger sérieux. L'amiral dut commencer à faire passer de l'autre côté de la Sarthe les convois et les réserves d'artillerie.

Il fallait cependant chasser l'ennemi de la Tuilerie. Le général en chef télégraphia à l'amiral, à quatre heures vingt-cinq :

« La situation est grave, nous ne pouvons nous en tirer » que par une offensive vigoureuse dès ce matin, et le plus » tôt possible. Je compte pour cela entièrement sur votre » vigueur.

» Au jour, vos troupes se reconnaîtront et reprendront » confiance : tout peut être sauvé. »

Cet espoir ne devait pas se réaliser, quoi qu'ait pu faire le commandant du 16e corps pour rendre à ses troupes la confiance que les événements de la nuit leur avaient fait perdre. A sept heures cinquante-cinq minutes du matin, le 12, l'amiral télégraphiait de nouveau :

« Je rappelle la brigade Desmaisons ; mais, d'après l'affirmation de l'aide-de-camp de ce général, elle ne compte » en ce moment que 6 ou 700 hommes ; le général Le » Bouëdec a, de son côté, 1,500 hommes environ. Tout » mon état-major est sur la place depuis quatre heures du » matin, occupé à réorganiser les fuyards, mais n'y réussit » pas.

» Je suis désolé d'être obligé de dire qu'une prompte » retraite me semble *impérieusement* commandée. »

Il fallait se rendre à l'évidence. Les troupes du général Barry, sur la droite, étaient en retraite avant le jour ; sur la gauche, celles du général de Jouffroy avaient perdu une grande partie de leurs positions et ne paraissaient plus susceptibles d'un effort qui eût été nécessaire pour les reprendre ; le général de Roquebrune seul tenait encore, mais il allait être débordé par l'ennemi, et, si celui-ci était audacieux, il pouvait, par une marche hardie sur Pontlieue, anéantir tout ce qui se trouvait de la deuxième armée sur la rive gauche de l'Huisne.

D'un autre côté, les Allemands, encouragés par le succès inespéré pour eux de la Tuilerie, s'étaient reportés en force sur Auvours et avaient obligé nos troupes, ébranlées à la nouvelle de ce qui se passait sur leur droite, à abandonner le plateau et à repasser l'Huisne sur les ponts d'Yvré-l'Evêque.

Le général en chef envoya, à huit heures, à l'amiral la dépêche suivante :

« Le cœur me saigne ; mais quand vous, sur qui je » compte le plus, vous déclarez la lutte impossible et la » retraite indispensable, je cède.

» Préparez donc tout pour cette retraite ; qu'elle se fasse » le plus lentement et avec le plus d'ordre possible. Faites » tout pour détruire le pont de l'Huisne, dès qu'il ne vous » sera plus nécessaire. Mais disputez, je le répète, le plus » longtemps possible l'entrée de la ville à l'ennemi. Il faut » que nous ayons le temps de sauver les autres corps » d'armée. »

En même temps, des officiers d'état-major étaient expédiés aux généraux Jaurès et de Colomb, pour les informer de ce qui se passait et leur porter des instructions définitives pour la retraite.

Ce grand parti une fois pris, il n'y avait plus qu'à éviter un désastre et à sauver l'armée : il fallait pour cela empêcher l'encombrement de la ville du Mans, le désordre sur les ponts, dans les rues et sur les routes. Tous ces mouvements à exécuter par des corps en grande partie débandés, aboutissant tous à des passages restreints, en vue de l'ennemi, étaient de la plus grande difficulté. Les généraux et les chefs de corps, pénétrés de la gravité de la situation, redoublèrent d'énergie; l'amiral sut masquer le passage si délicat du Pont de Pontlieue, et lorsque les Allemands, qui ne se rendaient pas encore exactement compte de ce qui se passait, se hasardèrent à l'extrémité du faubourg, le matériel ainsi que toutes les troupes avaient franchi le pont, dont les gendarmes du général Bourdillon défendirent courageusement l'accès jusqu'au dernier moment, et que le génie fit sauter lorsque la tête de la colonne ennemie n'en était plus qu'à quelques mètres.

Le général en chef quitta le Mans à deux heures et demie, pour surveiller le mouvement de retraite du haut d'un mamelon qui domine la Chapelle-Saint-Aubin. L'ennemi pénétrait déjà dans la ville et se portait vers la gare du chemin de fer, d'où les derniers trains partaient au milieu de la fusillade.

Episode de la Commune de 1871.

Nous venons de retracer les principaux services rendus à la France par le général Chanzy ; nous croyons intéressant de rappeler un fait de sa vie, aujourd'hui presque oublié : son arrestation par les bandes de la Commune insurrectionnelle de Paris. Nous en empruntons le récit au beau livre de M. Maxime du Camp, les *Convulsions de Paris*. Il sera accueilli par nos lecteurs avec d'autant plus d'intérêt que l'un des officiers qui, avec le général Chanzy, faillirent être victimes de l'insurrection, M. Ducauzé de Nazelles, était d'origine châlonnaise.

La prison de la Santé est la prison modèle par excellence ; bâtie tout en pierre meulière, habilement disposée pour le régime cellulaire et pour le régime auburnien, elle représente le système irréprochable des constructions pénitentiaires ; mais on peut avouer que sa beauté spéciale en fait un monument d'une remarquable laideur. De grands murs tristes et maussades l'entourent de tous côtés, en cachent les fenêtres et lui donnent, sur le boulevard Arago, l'apparence d'une grosse forteresse aveugle. Intérieurement, elle est très bien distribuée, aérée, chauffée convenablement, et abrite dans une division spéciale l'infirmerie centrale des prisons de Paris.

Ce fut par la voix publique que l'on y apprit les événements du 18 mars ; la porte était gardée par un peloton de soldats de la ligne, qui, dans la matinée du 19, se retirèrent en bon ordre avec armes et bagages et ne tardèrent pas à être remplacés par des gardes nationaux fédérés venus du IXe secteur, dont l'état-major était installé à la manufacture des Gobelins. Vers cinq heures du soir, une rumeur extraordinaire s'éleva dans la rue de la Santé, passa par-dessus les murs de la prison et vint troubler le personnel de la surveillance, du greffe et de la direction. Une foule évaluée à 5,000 ou 6,000 personnes, femmes, enfants, ouvriers, gardes fédérés, huant, gesticulant et furieux, poussait quatre officiers, reconnaissables à leurs uniformes en lambeaux, vers la grille de la prison. Cette bande d'énergumènes s'acharnait principalement contre un lieutenant-général, assez grand, chauve, de figure énergique, âgé de 48 ans environ, qui restait impassible sous les coups et les insultes dont on l'accablait : c'était le général Chanzy ; à ses côtés et non moins maltraité, marchait le général de Langourian ; puis venaient M. Ducauzé de Nazelles, capitaine au 5e lanciers, et M. Gaudin de Villaine, lieutenant au 75e de marche. Trois hommes faisaient des efforts désespérés pour les protéger contre la foule : c'étaient Léo Meillet, maire du XIIIe arrondissement ; Combes, adjoint, et Serizier, commandant du 101e bataillon, appartenant au 9e secteur.

Cette masse de peuple, rendue véritablement terrible par un accès de fureur spontanée, voulait mettre immédiatement les généraux à mort, et elle ne savait même pas leur nom. Ces insensés criaient : « A mort Ducrot ! à mort Vinoy ! à mort Aurelle de Paladines ! à mort les traîtres et les vendus ! Vous nous avez fait manger de la paille ! Prussiens ! capitulards ! à mort ! à mort ! à la lanterne ! qu'on les fusille ! » On leur répondait : « Mais non, c'est Chanzy ! » Et ils reprenaient : « Tant mieux ! Chanzy, à mort ! » C'est tout au plus si le général Chanzy avait encore figure humaine lorsqu'il arriva près de la grille, sans képi, les vêtements lacérés, la face tuméfiée par un coup de bâton, couvert des sanies que ces brutes ivres avaient lancées contre lui. Il fut terrassé près de la porte d'entrée. Le surveillant Villemain, gardien-concierge, le releva rapidement, para un coup de crosse qui lui était destiné, et le jeta dans l'intérieur de sa loge. Le premier mot du général fut : « Ces malheureux ne savent pas ce qu'ils font, il faut leur pardonner. » Un seul homme ne pouvait résister à la poussée formidable qu'exerçait la foule. La porte fut forcée, la prison envahie. La cour, le rond-point (lieu central où aboutissent toutes les galeries), le greffe, les guichets, tout fut encombré immédiatement par les fédérés au milieu desquels des femmes s'agitaient en criant. Les surveillants, tenant en main leur forte clef d'acier trempé, s'étaient instinctivement réunis autour des officiers.

M. Lefébure, le directeur régulier de la Santé, était accouru. C'est un homme qui n'est plus jeune, de taille moyenne, d'une extrême mansuétude, fort intelligent, rompu par une longue pratique à l'administration des prisons, très ferme, très résolu, sous une apparence fort douce, ayant quelquefois l'air de chercher ses mots et les trouvant toujours, n'aimant point les émeutes, mais sachant ne pas reculer devant elles. Il demanda d'abord en vertu de quel mandat ces détenus étaient amenés dans la maison. On lui remit immédiatement quatre paperasses : « *Ordre au directeur de la prison de Santé de recevoir en dépôt le général Chanzy jusqu'à ce qu'il en soit autrement ordonné. Le directeur répond sur sa tête de la garde de ses prisonniers. Pour* E. Duval : Cazol. — Paris le 19 mars 1871. Timbre : République française, Etat-major de la garde nationale, XIIIe arrondissement. » — Un ordre identique concernait MM. de Langourian, Ducauzé de Nazelle et

Gaudin de Villaine. Ces mandats d'arrestation étaient d'une flagrante illégalité, mais ils se trouvaient appuyés par une telle foule armée, qu'il n'était pas possible de se refuser à les exécuter ; c'eût été exposer sa vie et celles des prisonniers. M. Lefébure le comprit, et dès lors, connaissant bien les foules, sachant qu'elles s'apaisent souvent lorsqu'elles n'ont plus sous les yeux l'objet de leur haine irraisonnée, il résolut de faire incarcérer les quatre prisonniers le plus rapidement possible.

Ce n'était point aisé, car les fédérés les serraient de près et ne paraissaient point disposés à les perdre de vue. La porte la plus voisine du rond-point, où se tenaient les officiers, entourés des gardes nationaux, était celle de la quatrième division. Sur un signe des yeux fait par M. Lefébure au brigadier Adam, compris par celui-ci, les généraux Chanzy, de Langourian et leurs deux aides-de-camp furent brusquement saisis par les gardiens et entraînés vers la porte qu'un surveillant se tenait prêt à ouvrir ; Sérizier, jurant comme un damné et lançant ses énormes poings en avant, fendit la foule qui criait de nouveau : « A mort ! à mort ! » Les prisonniers franchirent la cloison d'où la porte fut immédiatement refermée derrière eux. Ils étaient sauvés. M. Lefébure avait remarqué l'influence que Sérizier exerçait sur les fédérés ; il lui dit que son éloquence seule pouvait faire évacuer la prison et permettre d'assurer le salut des officiers auxquels il s'intéressait.

Sérizier ne se fit pas prier ; il débita une allocution.

On s'éloigna, mais le poste des fédérés, tout un bataillon, qui gardait la porte d'entrée, envoya des sentinelles qui devaient faire faction devant les cellules de ceux que cette foule appelait déjà les « otages ».

Que l'on se rappelle la motion adoptée le 24 février 1871 et qui servit de prétexte à la fédération de la garde nationale, que l'on se répète le serment prononcé de s'opposer par la force à l'entrée des Prussiens dans Paris, et l'on comprendra que de tous ces beaux projets de guerre à outrance il ne restait plus vestige. En effet, s'il eût subsisté quelque trace de patriotisme dans le cœur de ce troupeau d'insurgés, c'est en triomphe que l'on aurait dû porter le général Chanzy, car il avait été héroïque sur la Loire, et quoiqu'il n'eût pas réussi à sauver la France, il avait du moins sauvé l'honneur de nos armes. Mais les bataillons du comité central et les gens de la Commune se souvenaient bien de cela, en vérité ! ils voulaient simplement détruire l'armée, c'est-à-dire la discipline, la loi, la religion, et c'est pour cela qu'ils arrêtèrent indistinctement les soldats, les magistrats et les prêtres, sur la simple vue du costume. C'est ainsi que le général Langourian avait été arrêté au chemin de fer d'Orléans, par hasard, au moment où il se hâtait de se rendre à Versailles pour y recevoir sa brigade qui venait de Bordeaux.

Quant au général Chanzy, il avait été signalé ; on le chercha et on le saisit dans un wagon, où il n'essayait guère de se cacher, car il ne pouvait pas soupçonner, ayant toujours fait au moins son devoir, qu'il pût être décrété d'accusation. Conduit d'abord à la mairie du XIIIe arrondissement, au milieu de groupes qui devenaient de plus en plus menaçants, il fut protégé par Léo Meillet, puis déclaré « prisonnier » par le général ouvrier fondeur Duval ; traîné à la prison du IXe secteur, ramené chez Léo Meillet, repris par la foule et reporté pour ainsi dire à la geôle du secteur. Léo Meillet, qui fit de très grands et très sincères efforts pour sauver les généraux et leurs officiers, savait bien qu'ils n'étaient point en sûreté dans cette prison rudimentaire, et il ordonna de les transférer à la Santé. La voiture où il les fit monter, pour les arracher aux insultes, fut brisée. Tous les curieux accourus devinrent une foule atteinte de frénésie. Au milieu de quelles insultes et de quels horribles traitement quatre officiers irréprochables arrivèrent à la prison, nous l'avons dit.

Le récit de M. Maxime du Camp nous fait connaître ensuite les démarches entreprises pour délivrer le général Chanzy et ses compagnons, démarches qui honorent deux hommes, autrefois braves et honorables officiers, égarés alors dans les rangs de l'insurrection, Cremer et Lullier.

L'ordre de mise en liberté fut donné au nom du comité central ; mais les fédérés s'opposaient à l'exécution de cet ordre. Le chef du bataillon qui était de garde disait : « Je ne puis rien faire sans avoir consulté mes hommes. » Puis il revenait : « Je veux bien lâcher le général, mais les soldats ne veulent pas ; ils prétendent que c'est un capitulard et se promettent de le fusiller s'il sort de la prison. »

Un futur membre de la Commune, le vieux Charles Beslay, âgé de soixante-seize ans, intervint à son tour, il ne put obtenir que l'élargissement du lieutenant Gaudin de Villaine.

Les bataillons de l'arrondissement se relevaient régulièrement toutes les vingt-quatre heures et étaient invariablement accompagnés de délégués spéciaux envoyés par le secteur. L'harmonie la plus parfaite ne régnait pas toujours entre les officiers du bataillon fédéré et les délégués ; on était rarement d'accord ; mais les discussions ne duraient pas longtemps, car les officiers et même les simples soldats finissaient par dire au délégué : « Eh bien ! après ? si tu n'es pas content, toi, on va te fusiller ! » Entre ces gens de mauvais aloi la défiance était permanente, ils se soupçonnaient, se surveillaient les uns les autres et voyaient des traîtres partout.

Leurs invincibles soupçons furent, dans une circonstance spéciale, un sujet d'étonnement pour le personnel de la Santé ; on en eût bien ri, si l'occurrence eût été moins triste. Un détenu était décédé à l'infirmerie ; le service funèbre devait se faire à trois heures ; les parents du défunt avaient été prévenus et étaient déjà réunis près de la chapelle, lorsque les fédérés du 101e bataillon, qui, le matin, avaient pris la garde du poste, se présentèrent chez le directeur, et lui déclarèrent qu'ils voulaient voir le cadavre. Tout ce que M. Lefébure put obtenir ce fut que l'on attendît la fin de la cérémonie religieuse. Lorsque celle-ci fut terminée, on décloua le léger cercueil, on souleva la serpillière, on découvrit le visage, que les fédérés purent contempler à leur aise ; ils ne semblaient pas très persuadés, se regardaient entre eux et hochaient la tête ; un d'eux toucha le mort et dit : « Il est froid. » Cette expérience ne parut pas suffisante, car un peloton suivit le corbillard jusqu'au cimetière d'Ivry, jusqu'au *Champ des Navets*. Lorsque six pieds de terre eurent été versés sur la bière, ils semblaient rassurés et se dirent : « Décidément, ce n'était pas Chanzy. »

Cependant les amis du général Chanzy ne perdaient point leur temps ; ils renouvelaient leurs démarches, car ils savaient que les élections pour la Commune étaient prochaines et redoutaient de se trouver en présence d'un nouveau gouvernement qui s'annonçait comme devant être ultra-révolutionnaire et jacobin. L'attitude que le délégué civil à la Préfecture de police, Raoul Rigault, avait déjà prise permettait d'augurer dans quelle ère de froide cruauté on allait entrer. Le général Chanzy recevait souvent la visite du vieux Beslay, qui lui recommandait d'avoir bon courage ; il n'en n'était pas besoin, le général Chanzy n'en manqua pas : il fut impassible et d'une énergie que rien n'émoussa ; soit qu'il fût dans sa cellule, soit qu'il se promenât dans l'étroit préau sous la surveillance immédiate de deux fédérés marchant à ses côtés, la baïonnette au fusil, il se montra là tel qu'on l'avait vu dans la dure campagne de France, un homme d'une trempe fine et serrée, inaccessible à tout sentiment de faiblesse et supérieur aux événements. Il attendait stoïquement l'heure de la délivrance ; elle sonna enfin le 25 mars.

Le général Cremer obtint du comité central un ordre ainsi conçu : « *Le citoyen Duval mettra immédiatement le général Chanzy en liberté.* — Signé A. Billoray, Babick, A. Bouit, A. Ducamp, Lavalette. » Sur la simple observation du général Cremer, Duval ajouta : et *Langourian.*

Ce fut le soir, fort tard, vers minuit, que Babick et le général Cremer se présentèrent à la Santé ; le directeur et le greffier Laloë firent immédiatement toutes les formalités pour lever l'écrou, sans prévenir les fédérés qui dormaient dans leur poste. Des vêtements bourgeois avaient été envoyés aux généraux prisonniers ; ils sortirent déguisés, pour ainsi dire, afin d'éviter toute nouvelle collision avec les gardes nationaux, et ils purent emmener avec eux le capitaine Ducauzé de Nazelles. M. Chanzy n'en était point quitte encore ; il devait, avant d'être définitivement mis en liberté, comparaître avec le général Cremer devant le comité central.

Dans sa déposition devant la Commission d'enquête parlementaire sur l'insurrection du 18 mars, le général Cremer a donné sur le Comité central une peinture qui doit être reproduite : « C'était un spectacle navrant de voir ces salles de l'hôtel de ville pleines de gardes nationaux. Quand on montait par le grand escalier, il y avait dans la grande salle tout ce que l'orgie peut avoir de plus ignoble, des hommes et des femmes ivres ; on traversait deux ou trois salles plus calmes et l'on arrivait à une autre qui donne à l'angle de l'hôtel de ville et du quai. C'est là que le Comité central tenait ses séances. Ils se prenaient aux cheveux au bout de cinq minutes de délibération ; il n'y a pas de cabaret qui puisse donner idée des délibérations du Comité central ; tout ce qu'on a imaginé d'excentrique dans ces derniers temps pour les petits théâtres, n'est rien à côté de ce que j'ai vu... Ils n'étaient jamais plus de six ou sept en délibération. Les uns sortaient, les autres entraient ; il y en avait qui étaient ivres : ceux-là étaient les plus assidus parce qu'ils ne pouvaient pas s'en aller. Il y en a un de moyenne taille, trapu, ayant les cheveux longs, grisonnants, la barbe mal tenue, qui avait toujours son chassepot sur l'épaule gauche ; quand il parlait, à chaque phrase, il prenait son chassepot, vous couchait en joue, et, quand la phrase était finie, il remettait son chassepot sur l'épaule. »

On pourrait croire que le général Cremer, habitué à la régularité militaire, a un peu exagéré le tableau ; on se tromperait, il n'a dit que l'exacte vérité. Nous en trouvons la preuve dans un mémoire inédit, écrit par un de ceux qui signèrent l'ordre d'élargissement du général Chanzy. Voici en quels termes, presque identiques à ceux du général Cremer, il rend compte de la première séance du comité central : « Après vérification des pouvoirs dont nous étions munis, nous fûmes introduits. Non, jamais je n'oublierai le spectacle qui s'offrit à ma vue, lorsque j'eus franchi le seuil de la salle qui venait de s'ouvrir devant nous. Qu'on se figure, assis autour d'une longue table, des hommes à la tenue débraillée, aux manières communes, hâves, sales, ébouriffés, parlant tous en même temps avec des gestes furibonds et paraissant toujours prêts à se jeter les uns sur les autres. Et quel langage ! quelles expressions ! quel cynisme ! C'était à croire que tous les personnages de Callot étaient descendus de leurs cadres et faisaient ripaille ce jour-là à l'hôtel de ville. »

Tel est le tribunal devant lequel Cremer conduisit les généraux Chanzy et Langourian. Cremer rusa et fut habile, car on le soupçonnait déjà de s'être abouché avec Versailles, et il était question de le faire passer par les armes. Il put se dégager et emmener avec lui les deux généraux. Ceux-ci n'ont point oublié le spectacle inconcevable qu'ils eurent à supporter. A peine les généraux Chanzy et Langourian furent-ils partis que le Comité central se repentit de ce qu'il appelait sa clémence intempestive. Le mot otage fut prononcé. On se résolut à les faire arrêter de nouveau. Mais on ne savait où les prendre. Babick, un peu fou, mais excellent homme, connaissait la retraite du général Chanzy, il y courut et donna un avis qui fut écouté. C'est à Babick que les deux généraux doivent la liberté et peut-être la vie.

Le général Chanzy partit à pied, sans plus tarder, et arriva à Versailles le matin même du jour où Paris insurgé allait procéder aux élections des membres de la Commune.

III.

Chanzy, gouverneur d'Algérie.

Nous empruntons les détails suivants à un récit de M. d'Ideville, ancien préfet d'Alger :

« Les années de ma vie les plus heureuses et les plus » brillantes, sont celles de mon gouvernement d'Algérie », disait encore, il y a deux mois, le général Chanzy à l'un de ses amis intimes. Le général séjourna près de six ans à Alger comme gouverneur général, de juin 1873 au mois de février 1879.

Le général Chanzy débarqua triomphalement le 19 juin à Alger, au milieu d'une population enthousiaste. A peine descendu du canot, revêtu de son grand uniforme, il enfourcha un superbe cheval arabe, et se rendit au milieu des vivats, escorté de son état-major, au vieux Palais du Gouvernement. « L'émotion la plus grande que j'aie » éprouvée, dans la journée, me dit, le soir, le nouveau » gouverneur, c'est au moment où je suis entré dans ce » palais que j'avais habité jadis, étant petit officier d'or- » donnance du gouverneur général Charon ; j'étais loin de

» songer, en 1849, que j'y reviendrais un jour comme chef » de la colonie ! »

En effet, la situation du gouverneur général d'Algérie est sans contredit la plus belle que puisse rêver un officier général. Ce commandement presque sans limite et sans contrôle qu'il exerce sur les indigènes, cette sorte de vice-royauté sur un territoire considérable, rappelle les pouvoirs dont sont investis au nom de la reine de la Grande-Bretagne, les vice-rois des Indes.

Un traitement princier; deux magnifiques résidences, palais d'hiver et palais d'été; trois provinces immenses à administrer, une armée sous ses ordres, une autorité presque illimitée sur quiconque appartient à la colonie, beaucoup de bien à faire, autant de mal à réparer, tels étaient les attributions, les pouvoirs et la mission du nouveau gouverneur général.

Le général Chanzy possédait de précieuses qualités de famille, et goûtait peu les distractions en dehors de son intérieur. Il avait une prédilection pour sa fille aînée, mariée aujourd'hui à un receveur des finances.

Mlle Gabrielle Chanzy était alors une ravissante jeune fille de dix-sept ans. Chacun admirait la gracieuse amazone, quand elle sortait accompagnée de son père, par la porte de Bab-Azoum, précédée et suivie par une escorte de spahis aux longs burnous rouges.

Le général connaissait très bien le pays, pour y avoir longtemps séjourné, en qualité d'officier des bureaux arabes et plus tard comme chef de corps. Il aimait les indigènes, et avait acquis, dans leur fréquentation, cette finesse, cette pénétration si difficiles à acquérir en « terre » française ». Laborieux, actif, accessible à tous, sans cesse au travail, il étudiait les affaires, avec un peu trop de minutie peut-être.

Le général Chanzy a aidé puissamment aux progrès de l'Algérie, jusqu'au jour où M. le président Grévy lui retira le gouvernement général pour le confier à son frère Albert.

M. Jules Claretie, dans sa chronique hebdomadaire du *Temps*, consacre les lignes suivantes au général Chanzy :

Ce qui plaisait dans le général Chanzy, — un homme rare et dont la perte est déplorable, — c'était précisément une sensibilité d'épiderme lorsqu'il s'agissait de ces questions de patriotisme, toujours délicates et douloureuses. Le général était un optimiste ou plutôt un confiant. Il n'avait jamais, en sa vie, désespéré de rien. Optimiste sans phrases, d'ailleurs, et sans fanfaronnades. Lorsqu'il parlait des dures journées de 1870-1871, il n'accusait personne et croyait cependant qu'on avait trop tôt jeté une épée brisée à demi. « Notre artillerie était bonne, nos mobiles même commençaient à se former ! » Ceux qui ont intimement connu le général Chanzy lui ont, plus d'une fois, entendu tenir ce langage.

Il avait des qualités toutes particulières de lettré, de penseur, de soldat qui étudie et réfléchit. Très modeste, très simple, très sobre ; une fermeté profonde sous une douceur aimable. Il buvait à peine, il mangeait fort peu. Il était comme le général de Galliffet, capable de supporter deux jours de fatigue sans prendre un repas. Sobre comme un Arabe, Chanzy fumait ou fuma pendant longtemps comme un Turc. Il avait, du matin au soir, un cigare ou une cigarette aux lèvres. Son médecin lui dit un jour :

— Vous avez tort ; le tabac ne vous vaut rien.

— Croyez-vous ?

— Je vous le certifie.

Ce fut tout. Le général Chanzy renonça au cigare. Une passion, quelque violente qu'elle fût, ne lui paraissait digne ni d'une imprudence ni d'une sottise.

Partout où il passait, on l'aimait et on le respectait. L'armée le regrette amèrement. En Algérie, où il commanda, en Russie, où il représenta la France, on ne parle de lui qu'avec une estime grave.

Quelque humain qu'il fût, son énergie intrépide devenait parfois, lorsqu'il s'agissait, par exemple, du salut d'une armée, une sévérité sans merci. Cet homme, bon, paternel, souriant, fin causeur, se retrouvait soldat absolu, comme son vieil ami le général Péan, lorsque la nécessité était là. On l'a entendu raconter, avec une émotion rétrospective, cet épisode tragique d'un lendemain de guerre.

C'était quelques mois après la paix de Bordeaux. Le général était député, assis à som banc, à Versailles, lorsqu'on le fait demander. Affaire urgente, lui dit-on. C'est un père qui a à lui parler de son fils.

Le général sort de l'Assemblée, salue avec sa charmante politesse accoutumée l'homme qui veut lui parler : un sexagénaire, à tournure militaire, moustache et cheveux blancs, ganté de noir, en grand deuil.

— Général, lui dit l'inconnu, je vous demande pardon de vous déranger, mais j'habite la province, j'ai perdu mon fils aux environs du Mans, dans un des combats qui ont précédé la dernière bataille... et, malgré mes recherches, je n'ai pu découvrir l'endroit où il est tombé. Je voudrais pourtant recueillir son cadavre. Je porte un nom assez connu pour que celui de mon fils vous ait peut-être frappé. Pouvez-vous me dire où mon enfant est mort?

Et l'homme en deuil s'était nommé, très simplement.

Le nom était beau, en effet, presque illustre.

Le général Chanzy regarda, de ses yeux bleus soudain presque brouillés de larmes, ce père qui lui demandait où, glorieusement, en défendant la patrie, avait péri son fils.

Or, — le nom avait bien frappé le général si peu de temps auparavant, — le jeune homme, arrêté dans un groupe de fuyards criant à la trahison contre les chefs et poussant les autres bataillons à la déroute, avait été, devant l'armée qu'il fallait frapper par l'exemple, fusillé contre la muraille d'une petite ferme de la Sarthe.

Le général Chanzy s'en souvenait bien. Il eût voulu, il eût pu peut-être cacher à ce père, qui avait été soldat, la véritable mort de son enfant. Non. La tentation même de ce mensonge ne traversa pas l'âme du justicier. Ce qu'il avait fait, il le dit. Il dit la vérité entière à ce père qui lui demandait l'entière vérité.

— C'était la nécessité et c'était la loi, monsieur!

Et blême, mordant sa moustache, saluant bien bas ce chef d'armée qui avait donné l'ordre d'exécuter son fils :

— Puisqu'il avait fait le premier pas dans la fuite, dit le père, mieux valait qu'il n'en fît pas un second. Vous avez bien agi, général. Le père pleurera, le Français vous remercie!

Le général Chanzy a, depuis, bien souvent songé, avec une émotion violente, à ce malheureux homme rendant ainsi lui-même un jugement, comme une sorte de Brutus frappant son fils d'une sentence posthume.

Voici un trait qui peint le patriotisme éclairé du Maréchal de Mac-Mahon et la haute opinion qu'il se faisait du général Chanzy :

C'était après l'échec du 16 Mai ; le Ministère présidé par le duc de Broglie avait donné sa démission, et le Maréchal ne pouvait se décider à faire appeler M. Dufaure. Il aurait voulu constituer une administration composée d'hommes nouveaux.

Une des personnes qu'il avait fait appeler lui dit : « Pourquoi ne chargez-vous pas le général Chanzy de composer un cabinet ? » — « Non, répondit le Maréchal, j'ai deux raisons pour ne pas faire ce que vous me conseillez. La première, c'est que Chanzy est en Afrique et qu'il y est nécessaire. La seconde, c'est qu'un jour il sera la ressource de ce pays-ci, et je n'userai pas pour moi un homme qui peut être utile à la France. »

Immédiatement après la guerre, il fut question d'élever le général Chanzy avec le général Vinoy, à la dignité de maréchaux de France. Si on l'a oublié, qu'il nous soit permis de consigner ici la stoïque réponse qu'il fit à la Commission nommée à cet effet : « Lorsque les généraux français voudront des bâtons de maréchaux de France, dit Chanzy, il faudra qu'ils aillent les chercher au-delà du

Rhin! » Cette réponse le peint tout entier, elle met en pleine lumière son désintéressement, son patriotisme, ses admirables qualités, en un mot, de citoyen et de soldat.

M. le général Chanzy, était un fervent disciple de Saint-Hubert. C'était un chasseur à tir d'une correction parfaite, d'une grande simplicité, à la manière des Mac-Mahon, des Grévy et de tous ceux qui ne cherchent que leur plaisir sans éclat et sans bruit. Comme tous les vrais chasseurs la chasse au chien d'arrêt avait ses préférences. Toutes les fois qu'il était en congé ou que les exigences du service le lui permettaient, il allait chasser dans son domaine de Buzancy; revêtu d'une blouse bleue, coiffé d'une casquette de toile légendaire dans les Ardennes, il battait les champs, cherchant du gibier, seul à seul avec son chien, ayant tous les plaisirs laborieux de la quête, de la surprise et du tir.

Comme le maréchal de Mac-Mahon dans son domaine de la Forêt, et M. Grévy à Mont-sous-Vaudrey, il connaissait tous les points de son canton, repaires, gîtes et remises. En Afrique, en route, en expédition ou en tournée, il descendait souvent de cheval pour se mettre à la poursuite d'une compagnie de perdreaux rouges ou arrêter un lièvre levé par les cavaliers. Souvent aussi, comme le général Margueritte, le plus fort tireur de l'armée d'Afrique, il faisait coup double sans mettre pied à terre. Dans les Ardennes comme en Afrique, le général Chanzy était connu, non-seulement comme un excellent tireur, mais encore comme un chasseur sage, conservateur du gibier, ne se laissant jamais entraîner : lorsqu'il avait abattu le nombre de pièces qu'il s'était fixé, il rentrait au logis en bon bourgeois, et il était heureux de sa journée.

Le général Chanzy, même à la Chambre, même au Sénat, se tenait toujours dans son coin, cherchant l'isolement volontaire.

Un de ses collègues disait spirituellement de lui :

— Cet homme-là, c'est un aparté.

Un aparté presque toujours muet, mais qui songeait, qui rêvait, qui espérait.

Le général avait toujours les yeux tournés vers l'avenir, comme le prouvera un souvenir personnel.

C'était l'hiver dernier. On dînait chez un de nos hommes de lettres les plus connus et les plus accueillants. Il y avait là des notabilités politiques, artistiques et littéraires, militaires aussi, puisque le général Chanzy était présent.

Dans la soirée, un intermède de poésie et de musique eut lieu, et de très jolis vers furent récités, où les services rendus jadis par Chanzy étaient délicatement rappelés.

Lui alors alla serrer cordialement les mains de l'auteur. Puis, avec une mélancolique résolution :

— Ce n'est plus à hier qu'il faut penser, c'est à demain. Malheureusement je me sens vieillir, et si ce demain-là se fait trop attendre.....

Il n'en dit pas davantage, hocha la tête et s'éloigna songeur.

Demain ne viendra pas pour lui.

Une Pension nationale.

Le Gouvernement a pris l'initiative de présenter à la Chambre un projet de loi relatif à l'allocation d'une pension exceptionnelle à la veuve du général Chanzy, commandant du 6e corps d'armée.

Nous extrayons du projet l'exposé des motifs qui le précède :

Messieurs,

En décrétant, sous la réserve de votre approbation, que les funérailles du général Chanzy seraient célébrées par les soins de l'Etat et aux frais du Trésor public, le Gouvernement a cru répondre au sentiment général du pays.

Il a voulu donner un témoignage de gratitude au glorieux soldat dont le nom est inséparable des souvenirs de la défense nationale.

Si, à la tête de la deuxième armée de la Loire, le général Chanzy, luttant pied à pied contre des forces supérieures, a su honorer la France en face de l'étranger, il a en outre, pendant de longues années, en campagne et dans les positions élevées de gouverneur général civil de l'Algérie, d'ambassadeur en Russie, de commandant de corps d'armée et de membre du conseil supérieur de la guerre, rendu d'éminents services que le pays ne saurait oublier et qu'il voudra récompenser.

La veuve du général Chanzy reste avec quatre enfants dans une position modeste. Nous vous proposons de lui accorder, à titre de récompense nationale, une pension viagère de 12,000 fr., dans laquelle se confondra sa pension règlementaire et qui sera reversible sur ses enfants jusqu'à ce que le plus jeune ait atteint sa majorité.

Tel est, Messieurs, le but du projet de loi que nous avons l'honneur de soumettre à vos délibérations, et dont le vote sera accueilli avec la plus vive satisfaction, nous n'en doutons pas, par l'armée reconnaissante, aussi bien que par la nation tout entière.

Châlons, imp. T. Martin.

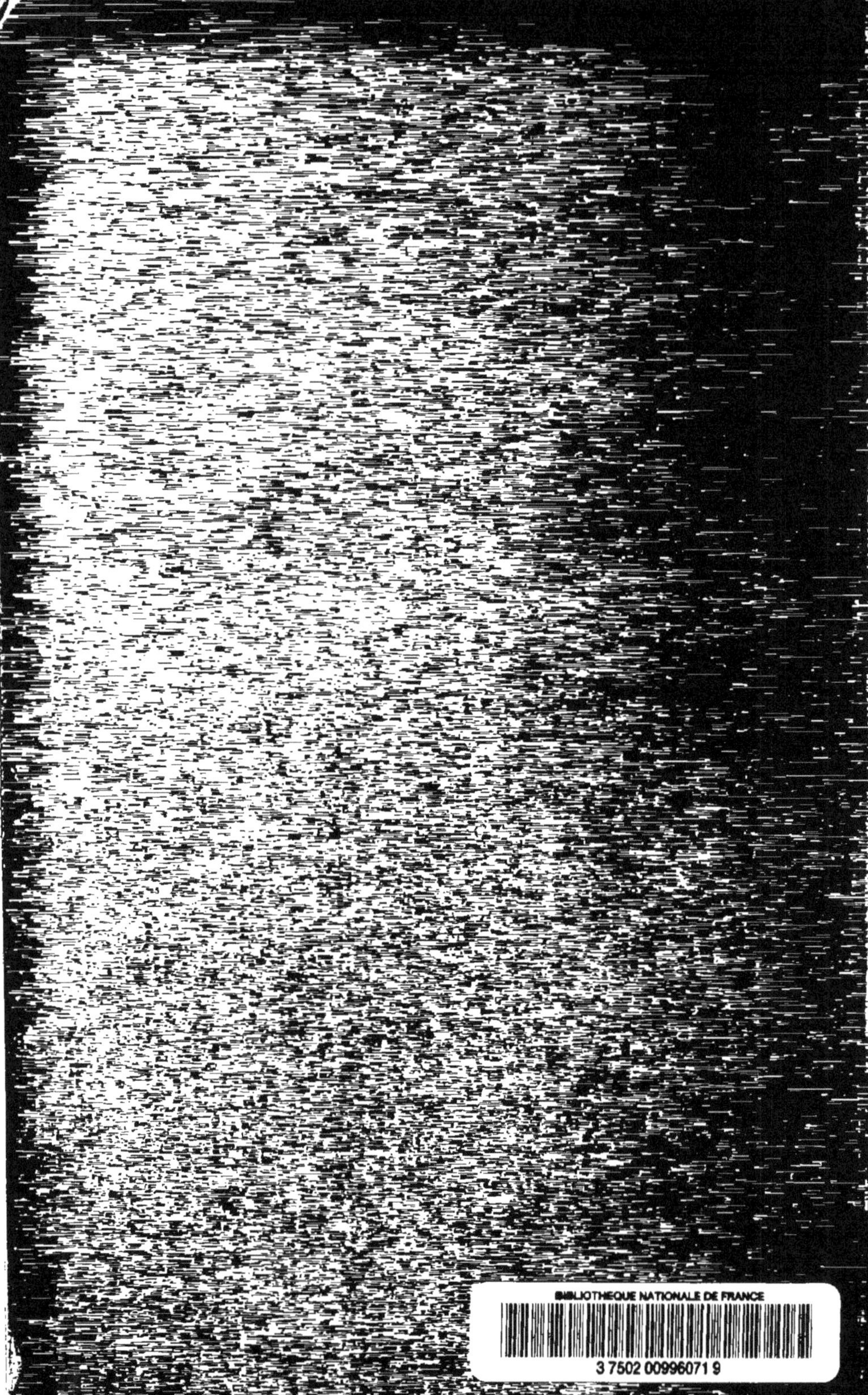

www.ingramcontent.com/pod-product-compliance
Ingram Content Group UK Ltd.
Pitfield, Milton Keynes, MK11 3LW, UK
UKHW020305220726
13923UKWH00003B/1007

9 782019 624965